Universos breves

Universos breves

Antologia do microconto de língua espanhola

Francisca Noguerol [org.]

Cobogó

Instituto Cervantes

Sumário

Prefácio

Há longínquos trinta anos, publiquei meu primeiro artigo sobre o microconto. Naquela época, eu era uma jovem na casa dos vinte que, na Universidade de Sevilha, tinha descoberto textos que me atraíam de modo especial: neles o espírito lúdico se combinava com a paixão pelas palavras, a reflexão crítica com a sedução, eletrizando quem os lia, graças à sua expressão quintessencial. Meu entusiasmo chegou a tal ponto que, quando tive de escolher um tema de tese doutoral, optei por mergulhar na poética de Augusto Monterroso, autor consagrado dessa modalidade textual que, naquela época, nem sequer recebia um nome; ou melhor, atendia por muitos termos, entre eles miniconto, microrrelato, microficção e short-short story.

Aqueles de nós que amávamos esses *textículos* — como dizia Cortázar — sabíamos que suas linhas, então consideradas pela academia como passatempos *passadiços* (que não passavam disso), nos mergulhavam nas águas mais satisfatórias da experiência literária, em que são explorados sem vergonha os recônditos desse enigma prodigioso que chamamos de *linguagem*. Marcados pela liberdade, subvertiam qualquer tipo de convenção literária para assumir, com orgulho, sua condição *degenerada*. Já que neles a densidade sêmica corria em paralelo à indefinição semântica, exigiam a cumplicidade de seus leitores, que tinham de estar atentos para desvendar as múltiplas interpretações sem sair escaldados da experiência.

Também constatei que seus criadores eram inimigos do conceito de *fast fiction* — repentina e improvisada —, portanto desenvolviam um trabalho *minucioso*, no sentido etimológico da palavra: cuidadoso, preocupado com a exatidão da sentença, preciso. Daí o título desta antologia — *Universos breves* —, escolhido porque *breve* define algo curto, mas também delicado e exato em sua composição.

E isso acontece porque os melhores microcontos, com pouquíssimas exceções, permanecem na gaveta da escrivaninha por tempo suficiente para serem revisados em mais de uma ocasião. Recorrendo a uma linguagem elusiva e ao mesmo tempo alusiva, eles correspondem ao que o venezuelano Gabriel Jiménez Emán soube sintetizar em poucas linhas: "Estou convencido de que a brevidade é uma enteléquia quando leio uma linha e ela me parece mais longa do que minha vida, e então depois leio um romance e ele me parece mais curto do que a morte."

Estamos falando, isto posto, de uma literatura no fio da navalha, que encontra sua expressão mais exata na palavra escrita. Tal característica é apontada pelos contadores de histórias mais famosos, que equiparam o microconto à poesia por sua condição compacta, em que cada palavra vale seu peso em ouro pelo lugar que ocupa: textos, em suma, nos quais a rede de pesca só pode ser lançada uma vez. No entanto, que maravilha quando se encontra o fio da meada! As linhas, então, se eletrificam, agindo como disparadores e provocando epifanias inesgotáveis — e inesquecíveis —, apesar de sua escassez.

A busca pela surpresa explica a frequente atribuição do microconto aos mundos do insólito — estranhos, grotescos, fantásticos, maravilhosos —, em que as fronteiras entre realidade e ficção são violadas. Assim, a primeira antologia em espanhol sobre o tema, editada por Jorge Luis Borges e Adolfo Bioy Casares, foi intitulada *Cuentos breves y extraordinarios* [Contos breves e extraordinários] (1953), seguida por outro volume de nome significativo: *El libro de la imaginación* [O livro da imaginação] (1970), organizado pelo mexicano Edmundo Valadés.

Em contrapartida, deve se notar o papel desempenhado pelo silêncio nesses textos, muitas vezes definidos como nus, tolos, parcos, leves ou lacônicos. Como aponta Luisa Valenzuela em "Taller de escritura breve" [Oficina de escrita breve]: "A primeira e talvez única (em minha opinião) regra do microconto, além de sua lógica e antonomástica brevidade, consiste em estar plena e absolutamente alerta à linguagem, perceber tudo que as palavras dizem em seus diversos significados e, acima de tudo, o que NÃO dizem, o que ocultam ou disfarçam." Por isso que tem sido apresentado como um exercício no qual *contar* e *descontar* é igualmente importante, pois atende, sobretudo, à eloquência do silêncio.*

---

* Quem conseguiu ver isso muito bem no âmbito lusófono foi Francisco Maciel, que intitulou um de seus artigos "Do conto ao microconto: a estilística do tácito, a temática do nefando em Dalton Trevisan" (2003).

Nessa leonardesca *arte di levare*, faz toda a diferença o fato de que os textos sejam vistos de um só relance, o que faz o olho se deleitar e contribui para a percepção "física" das palavras, em uma suposição da obra próxima àquela que se manifesta na percepção poética. Daí a utilização de sinais suprassegmentais como a vírgula, os dois-pontos e o ponto e vírgula, pois dão origem a frases mais paratáticas do que hipotáticas e a textos com um ritmo tão marcado quanto fragmentário.

Destaco também o recurso a estratégias expressivas que se inclinam para os vazios. É o caso da transtextualidade — que nos obriga a coletar informações de textos anteriores —, da metaficção — que questiona os limites da escrita —, do humor e da ironia — que privilegiam a expressão oblíqua e o subentendido — e, finalmente, da imagem — que permite alcançar um *coágulo* conceitual em torno do qual surgem as palavras.

Chegou o momento de falar sobre esta antologia, cujo encargo agradeço ao Instituto Cervantes, pois me permitiu desfrutar a leitura de textos extraordinários, escolhidos com total liberdade por aqueles que assinam estas linhas. Nela estão reunidos 39 autores contemporâneos, 17 mulheres e 22 homens indiscutíveis no âmbito do microconto em espanhol. Autores de Argentina, Bolívia, Chile, Colômbia, Costa Rica, Cuba, Equador, El Salvador, Espanha, Estados Unidos, Guatemala, Honduras, México, Nicarágua, Panamá, Paraguai, Peru, Porto Rico, República Dominicana, Uruguai e Venezuela, cada um deles me permitiu selecionar alguns microcontos dentre vários inéditos para compor este volume, generosidade que quero enfatizar nesta introdução.

A seleção reúne várias gerações de escritores, alguns canônicos e outros menos conhecidos. Desde a experiente Luisa Valenzuela ao jovem José Zelaya, constituem um conjunto de vozes em que alguns países — Argentina, Chile, Colômbia, Espanha, México, Venezuela — são especialmente representados por seu interesse tradicional no assunto que nos entusiasma. Destaco a grande diversidade de tendências que podem ser apreciadas nos textos: das minificções comprometidas com o mundo em que vivemos — muito frequentes entre as que recebi e que dão uma ideia da tensão que inquieta nossos *estranhos* dias — às que apostam nos mundos incomuns, nos jogos linguísticos ou na reflexão filosófica.

Em todos os casos, aprecia-se a vitalidade do microconto que desde o fim do século XX goza de projeção especial — para a qual contribuiu, sem dúvida, o império da brevidade nas comunicações —, mas que de forma alguma pode ser banalizado, sendo necessário identificar os textos verdadeiramente valiosos da *fast fiction.* Assim, este volume foi planejado como instrumento de divulgação, como objeto de prazer de leitura, para mostrar o que faz um microconto ser considerado bom e, por último, para difundir seus principais adeptos em espanhol. Isso já foi feito por antologias exemplares como *La mano de la hormiga. Los cuentos más breves del mundo y de las literaturas hispánicas* [A mão da formiga. As histórias mais curtas do mundo e das literaturas hispânicas] (Antonio Fernández Ferrer, 1990), *Por favor, sea breve. Antología del microrrelato hispánico* [Por favor, seja breve. Antologia do microconto hispânico] (Clara Obligado, 2001) ou *La otra mirada. Antología del microrrelato hispánico* [O outro olhar. Antologia do microconto hispânico] (David Lagmanovich, 2005).

Concluo expressando minha alegria pela publicação deste volume no Brasil, país ao qual me unem íntimos laços pessoais e que se destaca na prática da microficção. Atestam isso seus ilustres antecedentes (Machado de Assis, Oswald de Andrade, Lima Barreto), seus sucessores (Carlos Drummond de Andrade, Clarice Lispector, Eno Theodoro Wanke, Moacyr Scliar, Wilson Bueno) ou Elias José, que destinou ao subtítulo de sua obra *O tempo, Camila* (1971), pela primeira vez, a denominação de *minicontos*. A saúde excepcional do microconto é mantida hoje pelos ilustres Dalton Trevisan e Marina Colasanti, seguidos no campo literário especificamente por nomes como José Eduardo Degrazia e Fernando Bonassi e, no nível trans e intermediário, por propostas tão estimulantes quanto as de Ana Mello ou Carlos Seabra.

Que *Universos breves* sirva, então, para construir pontes culturais através do microconto, essa radiante *brevidade* que certa vez defini em algumas linhas lúdicas e curtas — não poderia ser de outra forma —, com as quais encerro minha exposição:

ABC do microconto

> Acrobático, bem-humorado, certeiro, desinibido, elegante, flexível, genial, hipnótico, impactante, jubiloso, kantiano, lúcido, musical, notável, oblíquo, potente, quixotesco, rápido, sóbrio, terno, único, veloz, wonderful, xilofônico, yin-yang, zeloso.

Francisca Noguerol

Esther Andradi

Argentina, 1956

Vinho

Meu rosto se parece cada vez mais com uma uva-passa.

As rugas só revestem meu sorriso de casco de tartaruga, o pranto de crisálida, a seriedade de uva-passa. Nada mais.

Por isso bebo tanto.

Para me macerar em álcool e, assim, poder me engolir.

Pena que não posso subornar o espelho.

Mas talvez eu acabe me dissolvendo em saliva, amparando-me no privilégio das hóstias.

On the rocks

A dor tragou minhas ideias, meus projetos, minhas loucuras.

Em seu lugar ficou um vazio, uma enseada onde o mar se instala à noite, pouco a pouco.

Quando há lua, descontrolada, sobe para pegá-la.

Então uma sereia me desperta.

La donna è mobile

Mamãe, que vendia charutos, era uma mulher que punha rosas na liga e era desejada por todos. Até que foi cortejada por um homem de más intenções e pouco juízo. Dizem que me salvei por um triz, mas eu era muito jovem na época e não tenho nenhuma lembrança. Fui criada no silêncio por minha protetora. Até que, um dia, soube que minha velha tinha morrido a facadas e não de câncer de pulmão (como me disseram), que seu assassinato inspirou uma ópera famosa e muitos filmes levam seu nome: Carmen.

Desde então, danço sua história. Recuperei seu vestido vermelho, suas sedas e seu temperamento. Sapateio sua glória assim que entro em cena. Sua vida é a minha; sua paixão, meu desejo. A diferença é que quero morrer centenária, com uma coruja no ombro e um gato no colo.

Substituí, apenas, a rosa por uma adaga.

Só por precaução.

A árvore genealógica

Quando o machado derrubou o tronco da árvore com um último golpe, um gemido estremeceu a selva.

A folhagem, surpresa, foi desabando, esmagando com seu peso os cipós, os arbustos empoleirados em seu corpo, a miríade de seres que se aninhavam em seus galhos, os veios de ar suspensos no matagal denso, o tempo alojado em seus anéis, os musgos aferrados às suas plantas, o sibilar de cobras enroscadas, a beleza impassível das orquídeas, os fungos milenares, as espécies mutantes, as delicadas colinas de cupins, os grossos suportes do emaranhado, as ternas folhagens da manhã, a fina hera enredando tudo, as samambaias delgadas.

O gemido tornou-se clamor e se espalhou como fogo.

No dia seguinte, o mundo estava em chamas.

Desenredando

O esquilo semeia e eu colho, poderia ser o título. O esquilo enterra sementes que encontra por aí, e no fim do inverno brota um carvalho, brota um bordo, brota uma graminha.

Minhas plantas, senhoras de boa família, desprezam essas recém-chegadas, nômades, meninas em trânsito, em busca da melhor terra do mundo, em busca de asilo, compreensão, nutrição, casa e comida, nessa ordem de propriedade privada.

A terra é de quem a herda — dizem as meninas burguesas que engordam o espaço.

Mas não: a terra é da semente, diz o esquilo. E semeia.

Jorge Ávalos

El Salvador, 1964

O poeta e sua musa

Desde que tropeçou nela, viveu apenas para tropeçar.

Um incidente gramático

Entrou uma Palavra e sentou-se muito verbalmente diante de um Sujeito espanhol em um ponto de táxi. O Sujeito, lisonjeado pela presença de uma palavra tão exaltada, lhe disse:

— Mas como você está linda e conjugada!

No mesmo instante, apareceu um Adjetivo muito possessivo.

— Conjugada, sim! — ele replicou. — Mas comigo!

O Sujeito, perturbado pelo petulante Adjetivo, levantou os punhos no ar.

— Mas que tipo de oração é essa? — perguntou um Advérbio, conciliatório.

Infelizmente, suas palavras caíram como complementos indiretos, porque um e outro trocavam socos. As frases se tornaram orações e as orações, parágrafos, e antes que se pensasse, um argumento foi montado.

Os Artigos se articularam — vale a redundância — em favor do sujeito masculino ou da palavra feminina, sem se importar se eram singulares ou plurais, definidos ou indefinidos. E, nem é preciso dizer, mas um Artigo se mostrou neutro e relutante em se intrometer em seus pensamentos mais profundos. Os Pronomes Pessoais não sabiam o que fazer.

— Eu, se fosse você, iria com ele — disse um Pronome reflexivo a um Infinitivo do verbo que estava acompanhado de um Particípio —, pois, pelo visto, se as coisas piorarem, essa luta se tornará plural.

Um Gerúndio que andava por ali acabou com a retórica iminente quando assegurou que a Palavra em questão era uma "pretérita perfeita". No final, todos ficaram sem táxi.

A casa na floresta

A garota estava caminhando por uma trilha escura na floresta quando ouviu um galho estalar. Ela prendeu a respiração e olhou em volta, mas não viu nada nem ninguém. Quando outro galho estalou, mais perto, a menina levantou a saia e correu o mais rápido que pôde. Quando chegou a casa, travou a porta com uma tábua e fechou o ferrolho com a chave de caveira que pendia de seu pescoço. Olhou para a porta com apreensão. Escutou. Nada. Nem a luz da lua, nem a rápida inquietação de um pássaro preto, nem o rumor furtivo dos animais noturnos. Apenas sua própria respiração sibilante e entrecortada. A menina relaxou, e então ouviu uma voz às suas costas:

— Enfim, sós.

O encontro

Eu o conheci no banheiro de um velho hotel no centro. Ele se parecia comigo no essencial: era um homem insignificante que vestia um casaco cinza tão desbotado quanto o meu. No entanto foi outra característica particular que chamou minha atenção: ele não tinha reflexo.

Eu estava fumando um cigarro, encostado na parede dos fundos, quando ele me descobriu no espelho. Olhou para mim sem se perturbar. Do bolso de seu casaco, tirou um pente, fechou os olhos e se penteou às cegas.

— Nem todos nós temos reflexo — disse ele, quando terminou de se pentear. — É uma forma de cegueira.

Joguei o cigarro no chão e o apaguei com a sola do sapato.

— Não precisa me explicar — eu disse. — Sou apenas um reflexo.

Ele se virou, procurando por mim onde achou que eu deveria estar, na parede dos fundos. Levou um momento para assimilar a verdade.

— Ninguém do meu lado e ninguém do seu — disse ele.

Enfiei as mãos nos bolsos do casaco e dei de ombros.

— Talvez tenhamos sido feitos um para o outro — eu disse, parando na frente dele.

O homem pôs as mãos nos bolsos e se aproximou do espelho. E então, olhando nos olhos um do outro com uma intensidade que ninguém mais conseguiria entender, sorrimos ao mesmo tempo.

Um mau começo

O surdo foi o primeiro a ouvir o grito.

— Cuidado! — disse o mudo.

O cego freou o carro, mas não a tempo. O surdo estremeceu ao ouvir o golpe.

— Atropelamos o anão — disse o mudo.

Um coxo correu para ver o acidente. Um maneta coçou a testa. O morto se levantou, irritado.

— Isso não pode continuar assim — disse o mudo.

— Tem razão — disse o contista. — Vamos começar de novo.

Alberto Barrera Tyszka

Venezuela, 1960

Cigarras e formigas

Durante aquele verão, aquele outono e aquela primavera, a cigarra cantou, leu livros maravilhosos, entupiu-se de frutas de regiões distantes, fornicou, bebeu até desmaiar e dormiu sobre a fumaça dos galhos do salgueiro. Enquanto isso, a formiga — que sabe ler e conhece a história — saqueou a montanha com sua modéstia, encheu toda a sua caverna com folhas, migalhas e restos de vizinhos mortos. Meticulosa, a formiga passou o ano guardando para quando viessem o vento e a chuva forte.

E o inverno chegou (como geralmente acontece na literatura e no mundo) e arrasou com todos os planetas. Do reino restaram apenas raízes e folhas de banana, sussurros aprisionados sob o gelo, cadáveres simples e diminutos (cigarras e formigas, por exemplo).

(*Para Juan Pablo Muci*)

Esopo e os pardais

(*O poder da fábula*)

Se um pardal se estatelar contra o vidro da minha janela, eu posso muito bem ir até lá, pegá-lo, acariciar suas penas secas, olhar para o seu bico lascado, seus olhos, seu coração distraído e distante.

Esta será a única maneira de me convencer: definitivamente, a transparência é enganosa e mortal.

Assuntos delicados da selva

Um leopardo homossexual pode sofrer muito. Se decide pintar suas presas com as folhas de um rabanete, os filhotes olham para ele de forma suspeita. Se tenta se espreguiçar como uma garça, os mais velhos zombam dele descaradamente. Se observa durante horas o corpo de um amigo (seus músculos tensos, seu cabelo, seu sexo como azeitonas jovens), toda a alcateia o despreza.

Um leopardo homossexual (em geral) se mortifica. Ele está sempre à espreita e (em particular) encontra amantes perto dos rios, abraços rápidos atrás das sombras da madrugada.

De tanto caminhar nessas guerras, alguns leopardos homossexuais acabam acreditando que são os únicos que sofrem.

A macaca e a seda

Nos tempos antigos havia uma macaca que, farta da enxaqueca e da solidão, decidiu levar seu caso a sério. E assim, depois de um curso de três meses, começou a costurar um lindo vestido de seda.

Um ano e meio demorou-se no traje (anáguas, plissados, outras costuras) e, já no fim do inverno, a macaca saiu vestida para dar um longo passeio pela selva.

Tanta agitação causou, tanta graça, tantos pretendentes e alegrias que, para continuar reinando e impedir que outras macacas seguissem seu exemplo, ela inventou um provérbio.

O destino dos sonhos

Na hora de dormir, todo escritor já conheceu a incerteza: sob os lençóis (de preferência quentinhos) e o bocejo, salta de repente um verso quase perfeito, um personagem extraordinário, um diálogo implacável. E, então, surge de imediato a tentação de sair da cama e começar a escrever.

Essa tentação acaba sempre derrotada. O escritor dorme feliz com a certeza de que alguma noite — em dois dias ou dez anos — essa descoberta literária se repetirá e ele, não tão cansado como hoje, poderá se levantar e capturá-la definitivamente.

(Para Ibsen Martínez)

Pía Barros

Chile, 1956

Golpe

— Mamãe — disse o garoto —, o que é um golpe?

— Algo que dói muito e que deixa roxo o local onde você o recebeu.

O garoto foi até a porta de casa. O país inteiro que cabia em seus olhos tinha um tom violáceo.

Líquida

Ainda com o corpo disforme, anda pelas ruas. O canto da boca se contrai quando vê as crianças brincando. Um pranto súbito faz com que leve as mãos aos seios e os sustenta com o corpo tremendo. Tudo explode por dentro, rasga-a. No entanto ela sorri quando o leite escorre e vai umedecendo seu suéter e o resto da roupa. Já se passaram dois meses desde que seu recém-nascido morreu e ela ainda se desfaz em sangue branco.

Rastro livre

Ela não irá tatuar seu nome no corpo, não usará anéis de compromisso, não fará pão de manhãzinha ou cozinhará seu almoço, não planejará filhos nem inventará futuros. Não. E ainda assim, você envelhecerá com o cheiro dela impregnado e sonhará com seu corpo dessa noite; e irá se conformar com outras que não eram ela, e levará, quando morrer, o nome dela guardado na ponta da língua.

Noventa dias

Os segredos do amanhecer estão ocultos sob as árvores lambuzadas de branco, como se elas tivessem se maquiado mal para esta festa. Logo estarão completamente brancas e serão o cartão-postal perfeito que ela vai olhar de sua cozinha, agora tranquila, no silêncio que a envolve durante todos aqueles amanheceres prodigiosos dos três meses de inverno. Não há gritos, não há dedo que lhe ordene trancar-se no porão para receber as chicotadas e, em seguida, seu sexo babento e a dor. Nada além do amanhecer e sua quietude, até a época do degelo, quando será necessário explicar o cadáver do padrasto ensanguentado sob as árvores do quintal.

Conto talvez ouvido em um bar às três da manhã

Ele me disse que o imperador, comovido por sua prosa, lhe deu mais dez anos de vida, ao fim dos quais lhe concederia uma noite para ler o que tinha escrito. Depois, o decapitaria. O escritor olhou para as estrelas e entendeu que seu tempo era um piscar de olhos no Universo. Então pegou sua filha pequena e começou a tarefa.

Quando o prazo chegou ao fim, o imperador se apresentou diante de sua porta.

O escritor trouxe a garota e disse:

— Quando terminar a leitura, devolva-a para sua mãe e me decapite.

O escritor então removeu o manto de seda que cobria o corpo da filha. O imperador contemplou os ombros, o pescoço, as axilas, o púbis e viu que todo o corpo da menina estava escrito em uma caligrafia diminuta.

Acho que ouvi dizer que naquela noite o imperador amou a garota. Dizem que ele a leu várias vezes, mas o incrível é que, a cada movimento de amor, os contos se misturavam e nunca era possível ler a mesma história. O escritor morreu idoso. O imperador também, velho e feliz. Dizem que a garota não morreu jamais. Às vezes, ela vai a bares e, antes de ficar nua, conta histórias como esta.

Bibiana Bernal

Colômbia, 1985

Ritual

Transportamos o cadáver pelo rio durante horas. Ao chegar à aldeia, nós o entregamos para sua tribo.

Quando nos preparamos para voltar, os lamentos da mãe, em sua língua nativa, estremeceram a água. O rio, comovido, devolveu a vida ao indígena.

Aquela mulher, agradecida, trocou seus estranhos gemidos por cantos. Não entendemos o que ela dizia nem de uma forma nem de outra.

Não tivemos tempo de descobrir porque, quando o homem voltou ao corpo, o rio morreu e, com ele, todos nós que o navegávamos.

Viagem de inverno

O rosto doce e a voz animada da criança irrompem no estúdio.

— Papai, papai, a mamãe ainda está aqui, não para de tocar.

— Eu sei, também escuto seu violino todas as tardes de chuva.

— Papai, pare de tocar oboé por um momento e venha comigo até o jardim. A mamãe agora está interpretando "Viagem de inverno" para nós.

A mão do oboísta não consegue viajar de seu instrumento para a mão de seu filho. Justo quando a criança a estende, o pai se desvanece, integrando-se à chuva que cai do outro lado da janela.

Confusão

Mamãe, ontem à noite sonhei que podia voar e viajar grandes distâncias em pouco tempo. Foi um sonho muito bonito. Passeei por toda a Paris durante os minutos que levamos para chegar à escola de ônibus. Quando fui me despedir, você estava vestida da mesma forma que quando foi para a cama, eu usava o mesmo pijama e também era segunda-feira.

Aproveitei para visitar o papai. Encontrei-o pintando, como sempre. Ao me ver, ele ficou surpreso e me perguntou como cheguei lá. Eu disse: voando, mas ele não acreditou em mim e me trancou em seu quarto.

É por isso que estou te chamando, mamãe, para que você lhe explique que é um sonho e me deixe ir.

Desafogo

Uma mulher que chora tenta escrever um microconto. A única coisa em que consegue pensar é uma história cuja protagonista chora do início ao fim. Quando termina de escrever, o choro da protagonista cessa.

Agora, a única coisa que importa à personagem é deter as lágrimas da escritora.

Parafilia

Começa a devorá-los pelos pés, a parte favorita dos corpos que lhe são trazidos. Um já é o suficiente para o dia.

Tem vários à espera, olha para eles com desejo. Nus ou seminus, todos lhe excitam e satisfazem seu apetite.

Come apenas mulheres bonitas. Sempre faz isso no mesmo quarto. Quando termina sua porção, sua mãe lhe leva mais. É assim que vive e satisfaz seu canibalismo.

Depois de tantos anos na cela, a única coisa que acalma sua antropofagia são as revistas *Playboy*.

Raúl Brasca

Argentina, 1948

Amor

I

Ela gosta do amor. Eu não. Eu gosto dela, incluindo, é claro, seu gosto pelo amor. Eu não lhe dou amor. Dou-lhe paixão embrulhada em palavras, muitas palavras. Ela se engana, acredita que é amor e gosta; ama o impostor que há em mim. Eu não a amo e não me engano com aparências, não a amo. Nossa relação é algo muito comum: duas pessoas que permanecem juntas por causa de um sentimento equívoco e de outro equivocado. Somos felizes.

II

Ele finge que eu estou apaixonada pelo amor e que ele só está interessado em sexo. Deixo que acredite nisso. Quando seu corpo me faz estremecer, ele atribui isso às suas muitas palavras. Quando meu corpo o agita, ele atribui isso ao seu próprio ardor.

Mas ele me ama. E eu não desfaço sua ilusão porque o amo. Sei muito bem que seremos felizes quanto durar sua crença de que não nos amamos.

Última escolha

O peixe determinado a cometer suicídio evita veloz a rede em que morreria com seus companheiros, passa na frente do anzol do pescador costumeiro que folheia uma revista e engole sem hesitar o anzol de um menino que se lembrará por toda a vida dos terríveis espasmos de sua asfixia.

O poço

Estava cavando na areia fazia três minutos quando o buraco engoliu sua pazinha. Desconcertado, o menino olhou para a mãe. A mulher o viu afundar, correu, conseguiu segurar suas mãos aterrorizada e afundou com ele. Os outros banhistas ainda não tinham reagido e o buraco já estava devorando um guarda-sol. Eles se olharam com espanto, viram que eles mesmos convergiam para lá e, por um instinto soterrado desde sempre que acabava de se revelar, sentiram que não poderiam ser salvos. Era tão natural quanto o pôr do sol: o mundo se invertia. Muitos tentaram fugir, lentamente, com a mesma apreensão desesperançada dos animais que buscam se esconder da tempestade. A areia, porém, deslizava mais rápido e todos acabaram caindo mansamente. Uma por uma, casas, cidades, montanhas entraram pelo buraco. Assim como a mão invisível vira a manga de uma camisa, uma força poderosa arrastava a pele do mundo para dentro, virando-a do avesso. E quando os últimos retalhos desfiados de mares e terras foram engolidos, o buraco consumiu a si mesmo.

Não deixou nem mesmo um oco fugaz no espaço, apenas o vazio permaneceu, homogêneo e silencioso, a evidência inapelável de que o mundo tinha sido o inverso do nada.

A prova

"Só quando for derrubada você terá minha filha", dissera o bruxo. O lenhador olhou para o caule fino da árvore e sorriu com presunção. Uma primeira machadada, formidável, marcou ligeiramente o tronco. Outra, no mesmo lugar, mal aprofundou a ferida. No meio da noite, o lenhador caiu de exaustão. Descansou até o amanhecer e deu machadadas todo o dia seguinte. Então, dia após dia. A ferida ia se aprofundando, mas, ao mesmo tempo, o tronco engrossava. O tempo passou e a árvore ficou frondosa; a menina perdeu a juventude e a beleza. O lenhador, às vezes, levantava os olhos para o céu. Ele não sabia que o feiticeiro conjurava os vendavais, desviava os raios e afastava as pragas que carcomem a madeira. A menina ficou grisalha e ele continuou com seu machado. Quase não pensava mais nela. Aos poucos, esqueceu-a por completo. O dia em que a menina morreu não lhe parecera diferente dos anteriores. Agora, já velho, ele continua sua luta contra o tronco descomunal. Não consegue pensar em mais nada: o silêncio do machado lhe causaria terror.

Chave

Foi triste quando meu pai, sem que eu pedisse, me deu a chave de casa. Eu era quase um adulto e ele me entregou a chave como se pedisse permissão para envelhecer.

Guillermo Bustamante Zamudio

Colômbia, 1958

Diagnóstico

Vários indícios o fizeram suspeitar de que o Alzheimer estava começando a se manifestar. Então, respondeu a uma sugestão anônima e generalizada: como era destro, começou a se pentear com a mão esquerda, a pisar nos insetos com o pé esquerdo, a escrever com a mão esquerda, a mastigar do lado esquerdo, a apontar com o dedo esquerdo, a votar nos partidos de esquerda.

Seu cérebro, perplexo com essa mudança que o forçava — depois de tanto tempo — a aprender quase tudo de novo, começou a enviar sinais confusos, e então ele começou a apresentar desorientação, mudanças de humor, perda de memória e uma predisposição a se isolar... deteriorações cognitivas e distúrbios comportamentais conhecidos pelo nome de Alzheimer.

Fábula II

— Você está livre! — ele disse, e abriu a gaiola.

— E o que isso significa para mim? — o pássaro perguntou. — Sempre estive em cativeiro.

— Você já vai ver... será melhor do que ficar confinado.

— Se eu aprendi alguma coisa — disse o pássaro —, é que o significado da minha vida é satisfazer a avidez do seu olhar.

— Mas outros significados aguardam lá fora.

— Eu não gostaria de estar preso fora da gaiola...

— ... e eu devo um favor ao destino — disse o carcereiro.

— Então, remova o fundo da gaiola.

Sem entender, o homem fez o que lhe fora pedido. O pássaro esticou as patas e se afastou caminhando, enfiado dentro da gaiola, sustentada pelas asas abertas.

Visita obrigatória

Viajei a Praga, em busca do Museu Franz Kafka, no distrito de Malá Strana. Perguntei, em um inglês penoso, e um guarda apontou o dedo indicador em direção ao Castelo de Praga, localizado nos limites do distrito. Em um beco estreito, contra os muros que serviam de fortificação, foram construídas, no século XVI, pequenas casas para os guardas. Kafka viveu em uma delas entre 1916 e 1917, quando decidiu romper com a dependência familiar.

Não era o museu, obviamente: a grandeza do escritor destoava daquela miniatura. Mas eu estava curioso. A casinha exibia livros de sua autoria em vários idiomas; fac-símiles de manuscritos; cinzas — certamente simbólicas — de sua irmã Ottilie, imolada pelos nazistas em Auschwitz; uma carteira supostamente trazida da Deutsche Knabenschule, um par de fotocópias de cartas para Felice... Um arremedo, para vender suvenires e tranqueiras, pensei. Continuei até o quartinho: uma cama, um guarda-roupa de uma porta, uma mesa de trabalho marrom-escura... talvez tenham pertencido ao autor durante aquela breve estada na Alchymistengasse, beco ocupado pelos ourives no século XVII.

Vi o pouco que restava para ser visto — uma pequena cozinha e um sótão — e me dispus a sair. Minha intenção era perguntar onde ficava a rua Cihelná, na qual se localiza o museu, quando um zumbido chamou minha atenção. De onde vinha? Olhei atrás do armário, afastei da parede o quadro de uma senhora que usava um gorro de pele e espiei embaixo do catre. O assustadiço inseto que emitia o barulho era realmente enorme, embora eu não o tenha achado repugnante.

Gambito

O xadrez apareceu com as peças dispostas no umbral do santuário. Untu — a enésima geração do Grande Xamã, criador da substância — pegou-o cuidadosamente e trancou-se no templo. Durante os dias da lua escura, olhou para dentro de si, jejuando. Na crescente, tomou os frutos do rio; mais tarde, apenas os frutos da *chagra*;* e, finalmente, os da selva.

---

* A *chagra*, além de ser um espaço para o cultivo, é um importante sistema de representações para as comunidades indígenas. É considerado um espaço de fertilidade, socialização e transmissão de conhecimentos e saberes ancestrais que o convertem em uma das manifestações fundamentais da cosmovisão indígena. [N.T.]

Saiu e deixou-se preencher de luz, a pele ao sol. Assim, em uma lua cheia, decifrou o significado do xadrez: tratava-se de um mecanismo de adivinhação combinada que lhe permitiu governar a tribo com sabedoria e curar os corpos assediados por espíritos rebeldes.

Um dia, o Grande Xamã falou na mente de Untu: deveria compartilhar a sabedoria guardada naquele artifício. Então — por sua vez —, Untu o deixou à porta de um templo do Outro Povo, o das cidades.

Eles, porém, não eram dignos do presente do Grande Xamã e, tempos depois, acreditaram que se tratava de um jogo.

Última hora

O volume da obra de Fernando Pessoa despertou suspeitas entre os pesquisadores, que acabam de publicar suas conclusões definitivas: os escritores Alberto Caeiro, Bernardo Soares, Ricardo Reis e Álvaro de Campos, devido à dificuldade de aparecer no mundo literário, inventaram um escritor chamado "Fernando Pessoa". Criaram uma biografia para ele e lhe imputaram a qualidade de escrever, não com pseudônimos que escondem sua identidade, mas com heterônimos, ou seja, com vozes independentes.

O público leitor, atraído por esse fenômeno, sentiu curiosidade pelo tal Pessoa, cujo sobrenome já era uma indicação do engano; na verdade, em latim, *persona* (pessoa) significa máscara.

Estuda-se se outros heterônimos (mais de sessenta são atribuídos a ele) também eram autores sem sorte. Como a figura enigmática que aglutinava esses escritores desapareceu por causa das notícias, no futuro se espera seu esquecimento paulatino.

Homero Carvalho Oliva

Bolívia, 1957

Pachamama

Dona Justina Cusicanqui, idosa afetuosa e sábia, diz que ouviu sua avó contar a história de um aimará que, diante dos teimosos padres católicos que tentavam forçá-lo a ser batizado na religião cristã para que o pobre homem salvasse sua alma selvagem e pecadora, respondeu muito tranquilo:

— Não espero nada do Céu, tudo me foi dado pela Terra.

Estátuas reveladas

Há homens que têm, merecidamente, seus monumentos. As pombas, esses delicados símbolos da paz, nos vingam de todas as suas maldades.

Origami

Tomiashe Arakaki demorou a vida inteira para descobrir todas as formas secretas que o papel contém. Quando, finalmente, acreditava que tinha moldado o último dos animais da criação, soube através de um sonho que ainda estava faltando um mamífero bípede. Com a experiência adquirida em setenta anos, ele habilmente dobrou e dobrou a folha e, em segundos, foram aparecendo os membros, o tronco e a cabeça do homem. Satisfeito com sua obra, deixou-a na imensa mesa, na qual, ao longo de sete décadas, ele vinha acumulando seus seres de papel, e foi descansar. No dia seguinte, descobriu, perplexo e desconsolado, que vários de seus animaizinhos mais bonitos tinham sido caçados e destruídos.

Ingratidão

Com o passar dos anos, o carrasco adquiriu tanta experiência que, em um só talho, limpo, preciso e indolor, cortava a cabeça de suas vítimas. No entanto, nunca recebeu delas uma palavra ou um gesto de agradecimento.

Manicômio

Neste manicômio vivem muitos hóspedes, sempre que me olho no espelho vejo todos eles.

Rafael Courtoisie

Uruguai, 1958

As pedras do amor

Os filhos dos Cinzentos arrebatam o prazer das mulheres no último momento, justo quando estão prestes a gozar. Os filhos dos Cinzentos, no último instante, pegam aquela joia invisível do sexo das mulheres e fazem um colar de maravilhas.

Nas noites quentes, o colar feito com as pedras do gozo umedecido pulsa na escuridão imóvel, sem que ninguém se aproprie do tremor. Os Cinzentos expõem esses colares nas vitrines dos museus, e ficam tolamente contentes por terem tirado o gozo das mulheres.

As pérolas, algumas escuras e algumas claras, produzem uma pulsação imóvel e concêntrica, um espasmo translúcido que se perde no espaço silencioso. Todavia as mulheres dos filhos dos Cinzentos vão, sempre que podem, para a aldeia vizinha, onde os homens sabem como tirar de seu ventre aqueles cantos rodados, aquelas pérolas opalinas e latentes, e as deixam flutuando na virilha, úmidas e tépidas o tempo todo, durante a eternidade que dura o ato.

As fronteiras

Em uma aldeia estão todos os Olhos e em outra todos os Ouvidos e em outra todas as Bocas. Quando as aldeias se reúnem, fazem uma única Cabeça que olha e ouve e fala, mas quando as aldeias estão separadas, um verme devora seu pensamento, morde sua carne do desejo de amar uns aos outros e estar juntos.

A aldeia dos Olhos luta contra a aldeia dos Ouvidos, e a aldeia das Bocas cospe contra as duas uma chama de gelo, um beijo de vazio, uma saliva seca e sua promessa.

Tremores derrubam casas e homens.

Uma efígie de espanto cresce nas habitações. Chovem sapos e cães, e a cabeleira do rio aumenta, raspa a terra e a leva.

Na aldeia das Bocas, uma mulher é muda.

As fronteiras, seus lábios.

Tiranos, tremei

> *De este don sacrosanto la gloria merecimos:*
> *¡tiranos temblad!*
> [Deste dom sacrossanto, a glória merecemos:
> Tiranos, tremei!]
> Hino Nacional da República Oriental do Uruguai

Todos os habitantes do país são tiranos. Do mais fraco ao mais forte, do mais severo e solene ao mais desinibido e alegre.

A tirania é uma doença endêmica e contagiosa que penetra na carne e a torna tensa, violenta, assustadora.

Um menino de dois anos aprende a destroçar seus brinquedos: ele os tortura, com extremo deleite e alegria faz com que confessem crimes improváveis, conspirações invisíveis, pecados contra a autoridade pueril que agora os manipula e os esmigalha em busca da Verdade.

A criança cresce, faz três anos, ganha outros brinquedos melhores e mais sofisticados, formas humanas, bonecos e bonecas articulados, inteiros.

Plástico cor de carne.

A criança sorri e agradece. É um bom menino.

Então, na penumbra da casa, na privacidade de seu quarto, ele os retorce, pendura-os, estica-os com toda a força até desmembrá-los.

Espera que gritem, que digam "ai" até se esganiçar. No entanto as formas dos bonecos e bonecas permanecem mudas, teimosas, resolutas em sua angústia de poliuretano, presas no interior de sua substância inerte e oca, sem dizer palavra.

São duros, difíceis de interrogar.

Mas nada é impossível quando há método. A paciência é importante.

A dor faz as pedras cantarem.

No fim, os bonecos acabam confessando.

E aquela mesma criança, aquela criança inocente, crudelíssima, que brinca e balbucia sob a luz pálida com seus brinquedos, quando crescer será, mais cedo ou mais tarde, desmembrada por seus irmãos de sangue.

O crucificado

O rosto está mudo. Parece morto. E está mesmo.

Mas vai ressuscitar.

A voz do ressuscitado escapa por entre as chagas, entre as feridas abertas nos pés e nas mãos pelos cravos e na testa pela ponta dos espinhos.

A ferida da lança no flanco não deixa de verter palavras.

E cada uma delas diz o que você ouve.

O pornógrafo

Tem a chave, mas não abre a porta. Espia pelo buraco da fechadura. Fecha os olhos. Lambe os lábios.

Pisca.

Chora para não ejacular.

Lilian Elphick

Chile, 1959

Velho mundo II

Josef Mengele, o Anjo da Morte, voou para a América do Sul em 1954. Teve muitos nomes. Foi carpinteiro, farmacêutico e praticou medicina sem licença na Argentina, no Paraguai e no Uruguai. O médico esqueceu sua passagem por Auschwitz, quando matava com gás doentes mentais, ciganos e gêmeos, e quis ter umas terras e ordenhar vacas. Perseguido por Simon Wiesenthal, fugiu para o Brasil. Seu rastro desapareceu nas areias de Bertioga. Nadou nas águas quentes do Atlântico, cantou a música "Chiquitita", do grupo sueco ABBA, e morreu nos braços da rainha do mar, Iemanjá, que o converteu numa carranca de proa.

Velho mundo III

Walter Rauff foi um bebê loiro e gorducho. Não disse uma palavra até os quatro anos de idade. Mais tarde, foi um vil assassino que matou meio milhão de pessoas nos campos de concentração das ss. Assim como tosquiou humanos, viu nas ovelhas de Porvenir, Tierra del Fuego, um bom futuro. Também foi agente espião e professor torturador em Colonia

Dignidad. Sentou-se à direita de Pinochet e nunca conseguiram extraditá-lo. Morreu em 1984, em uma casa na pequena rua Los Pozos, em Las Condes, Santiago do Chile. O escritor Miguel Serrano foi ao seu enterro no Cemitério Geral e cantou "Lili Marleen". Diz a lenda que o fantasma de Rauff continua aterrorizando os fantasmas selk'nam* que navegam pelos fiordes da memória.

Velho mundo IV

Sou Ángela Loij. Nasci em 1900, na Fazenda Sara, em Río Grande, o fim do mundo. Sou selk'nam de pai e mãe. Tenho os ossos deles. Meus filhos morreram, negando-me o direito de ser avó. Tenho os ossos deles. Todo o meu povo morreu e eu sou a última sobrevivente. Os guanacos e os peixes morreram. Tenho os ossos deles. Tenho seus espinhos. O vento me diz para esquecer os criminosos Popper e McLennan, "Chancho Colorado", que cortaram cabeças e orelhas e as venderam por uma libra. Quando eu partir, em 1974, levarei o arco e as flechas para que Temáulkel termine de me matar, cravando em meu coração a alegria do meu povo.

---

* Povo indígena da região da Patagônia, localizada no sul da Argentina e do Chile. [N.T.]

Fique calme e aponte bem*

Quando o sol cai como uma pedra, caminhamos ao longo das margens do Ñancahuasú. Estamos com fome e as tropas estão em nosso encalço, escutamos os estalos, os galhos que se partem, os gritos e as ameaças. Separamo-nos. Fujo pelas quebradas e o fuzil pesa. A asma não me dá trégua. As rajadas são ouvidas cada vez mais perto.

O primeiro disparo se aloja na minha perna. Cortarão minhas mãos e as mulheres arrancarão tufos do meu cabelo. Lavarão meu corpo para tirar fotos dele. Muito mais tarde, os turistas visitarão a escolinha de La Higuera levando minha imagem em suas camisetas.

K na terra de ninguém

Está escuro. Ouço o barulho dos ratos. Há fezes, cadáveres, pranto de homens solitários. Lá fora, a fumaça dos fornos.

Barracão número 5, Birkenau. Minha última pátria depois de morto.

Sei que Ana e Margot Frank têm tifo e não precisam mais de cobertores para agasalhar-lhes o pavor.

* "Fique calmo e aponte bem! Você vai matar um homem!" (Ernesto "Che" Guevara para seu assassino, o sargento Mario Terán).

Amanhã vou carregar pedras daqui para lá, sem propósito algum. Um *kapo** vai estalar seu chicote nas minhas costas.

Certa manhã, fui preso.

Todos nós fomos para os trens da morte.

Josef Mengele mexia o polegar para cima ou para baixo.

Ele me perguntou se eu tinha um irmão gêmeo. Eu disse que sim, o nome dele era Gregorio. E onde está, então?, ele gritou. Escondido, senhor, em um caderno. Nunca conseguirá encontrá-lo.

---

* Os *kapos*, funcionários-prisioneiros dos campos de concentração, eram presos designados pelas SS para supervisionar os trabalhos ou realizar tarefas administrativas.

Lorena Escudero Sánchez

Espanha, 1985

Ficção

Você era um livro aberto, mas eu sempre te lia com as pupilas dilatadas.

Boda

Feito o laço, ambos os extremos já puxam em direções opostas para completar o nó.

Marés

O homem que me visita não é um pescador de verdade. Sei disso pela maneira como recolhe as conchas de minha orla e mergulha com elas na palma da mão. Mas ele tem a intuição de me procurar nos momentos de maré baixa, o que lhe garante incursões profundas. Ele brinca quando encontra pedaços de garrafa que com o tempo eu lapido como se fossem pedras preciosas. Quando se afasta, sempre o faz com a ressaca de voltar para mim. Suponho que meu sal lhe cure alguma ferida que ele não confessa, e eu me preencho de algas em sua ausência.

Um beijo

Beber como quem acumulou toda a sede dos desertos dos quais regressa. Saciar com sucção profunda o desejo de cem gargantas em brasa. Devorar o outro sem escolha ou remorso.

Abrir os olhos, lamber a última gota daquele que emprestou sua boca e morrer outra vez de sede.

Histórias infantis

Quando meu tio voltou da guerra, estava muito rico. Ele convida a todos porque a sorte compartilhada cresce, diz ele.

Vai morrer em breve, mas eu não digo nada. Sei disso porque as crianças que ele trouxe, que permanecem em silêncio e ninguém mais vê, ultimamente sorriem.

Patricia Esteban Erlés

Espanha, 1972

Primeiro prato

Pouco depois chegou a morte. Todos nós a vimos subindo pelo seu cabelo, mas baixamos os olhos e continuamos a comer. Rezando em voz baixa para que ela se contentasse com você.

Fantasma

O homem que eu amava tornou-se um fantasma. Gosto de pôr um monte de amaciante nele, passá-lo no ferro a vapor e usá-lo como lençol de baixo nas noites em que tenho um encontro promissor.

Voltar

Não sabíamos que a vida é uma rua que se cruza depressa para chegar ao outro lado. Voltamos para casa de novo e de novo. Lembramos do anel antigo da mamãe e do espelho do closet que sabia como engolir nós três de uma só vez.

Multidão

O fantasma de minha primeira mulher ronda a cama onde durmo todas as noites com minha segunda mulher. Nenhum de nós parece se aborrecer muito com isso.

Um homem na banheira

Quando cheguei a casa com os sapatos na mão e o colar de pérolas torcidas, ele já estava dentro de minha banheira. Era um homem cor de chocolate derretido, e acho que já tínhamos nos visto antes em algum sonho. *Como foi seu dia, querida?*, ele perguntou, dirigindo-me seu sorriso triangular de taça de martíni. *Já conto*, eu respondi, largando as sandálias como se fossem dois pássaros mortos.

Cecilia Eudave

México, 1968

Tabi: o país do instável

Quando você acorda de manhã, sua única certeza é que tem um rosto. Não sabe seu nome, nem seu novo ofício ou profissão. Sai da casa onde dormiu, ou toma café da manhã com aqueles que agora são seus filhos, mas amanhã talvez você não tenha uma família ou filhos, ou cão ou casa.

O dia seguinte sempre se transforma em um estrondoso calafrio, porque você não tem mais os mesmos amigos nem o mesmo chefe. Eles não te chamam mais pelo nome de ontem, você não é indispensável para aqueles que te amaram no dia anterior. É assim que se vive em Tabi, um renascimento constante no mesmo corpo que também muda porque envelhece e, no fim da jornada, você não tem ideia de que língua vai falar ou em qual região desse país itinerante vai habitar. O único norte, aqui, é um rio que, por razão desconhecida, sempre divide o território em dois.

Há apenas uma vantagem para os tabianos: eles não vivem de recordações.

Sobre cidades invisíveis

Por muitos anos, percorri inúmeros lugares procurando as cidades invisíveis. Comprei todos os volumes existentes em suas variantes e formas. Aprendi vários idiomas. Tornei-me perito em histórias de invisibilidade, e nada; daqui para lá com minha obsessão a reboque, até que um dia saí cedo do hotel onde me hospedava para fazer minha caminhada matinal e... tropecei em um muro?, muralha?, parede? Como saber? Era invisível! Então, fiz o que tinha de fazer: dei a volta e saí de lá para sempre, para que isso não fosse verdade e eu deixasse de ter uma razão de busca na vida.

Sereias mudas

A tradição diz que as sereias têm uma voz que arrebata e faz com que os mortais percam a sanidade. Mas, na realidade, hoje já se demonstrou — depois de destroçar a garganta de centenas delas para estudar suas cordas vocais — que são mudas. Não só porque durante a captura e o cativeiro elas não emitiram uma só palavra, por mais que tivessem sido incitadas com maus-tratos e insultos, mas também porque não encontraram cordas vocais em sua garganta.

O mistério aumentou ainda mais porque todos sabem que elas cantam. Mas então, de onde provém esse canto que enlouqueceu a tripulação de Ulisses? Onde está aquela voz que afogou milhares de seres no mundo?

As teorias são vastas; as conclusões, escassas. Muitos dos estudiosos desse fenômeno físico não solucionado, acompanhados por milhares de pessoas ensandecidas que se uniram para decifrar o dilema, estão envolvidos e obstinados em resolvê-lo.

De qualquer forma, uma coisa é certa: as sereias, mudas ou não, continuam a deixar os homens loucos.

No ouvido

Vou te contar um conto, diz. Nele cabe toda a nossa história, anota. Vou resumi-la, sem preâmbulos, sem nós, sem desvios, afirma. Você pode ouvi-la de pé ou apoiando a cabeça na parede, como quando se deseja a proximidade de alguma esperança, sugere. Ou talvez prefira fechar os olhos e imaginá-la do seu jeito, como sempre.

— Vamos lá, me conte.

Aproxima-se do meu ouvido e resume nossa vida em uma palavra:

Ficção

enquanto seus lábios se afastam.

A sibila

Sempre insistiu que era uma sibila, mas nós ríamos dessa afirmação. Dizíamos que era uma louca que tinha escapado de algum deserto mental para se internar no abismo dos outros. Era o tema de nossas conversas, piadas e até disputas.

Um dia ela se aproximou, em silêncio, possivelmente cansada de nos ouvir murmurar sobre sua qualidade irreal de ser lendária. Olhou diretamente nos olhos de cada um de nós ao mesmo tempo — mesmo que pareça impossível — e alertou com uma voz opaca e neutra:

— Eu sei uma coisa a seu respeito, e posso contar.

Essas palavras soaram implacáveis, confiantes, precisas, e foram suficientes para diminuir nosso ímpeto de machucá-la com algumas frases ofensivas. Ficamos cheios de medo e aos poucos fomos nos retirando. Desistimos de nossas provocações, nos tornamos discretos. Talvez ela fosse mesmo uma sibila...

Melhor não arriscar, já se sabe que todos nós guardamos um segredo obscuro e sombrio.

Henry Ficher

Nascido nos Estados Unidos
e criado na Colômbia, 1960

Vingança

O menino, escondido atrás de uma árvore, observa horrorizado como os paramilitares assassinam seu pai, sua mãe, seus irmãos e todos os habitantes do povoado acusados de apoiar os guerrilheiros. Cheio de dor e raiva, o garoto jura vingança. Escapa mato adentro e se junta aos guerrilheiros. Durante anos, pratica a arte da guerra e torna-se comandante.

Um dia, descobre o acampamento dos paramilitares que atacaram sua aldeia e planeja com seus homens o ataque. Sem piedade, matam homens, mulheres e crianças. O comandante, satisfeito por ter cumprido sua vingança, ordena que seus homens se retirem. Escondido atrás de uma árvore, um menino os vê partir, cheio de dor e raiva.

Justo arbítrio

As duas equipes locais chegam à final do campeonato. O estádio está quase transbordando de tanta gente.

Em uma partida muito disputada, com várias chances de gol, os noventa minutos regulamentares passam sem que nenhuma equipe consiga abrir o placar. Mas no primeiro minuto da prorrogação, o árbitro aponta um pênalti.

Os torcedores de ambas as equipes elevam suas orações ao céu para pedir um milagre, mas o acaso quer que o número de abençoados entre o público a favor de cada time seja exatamente o mesmo. Deus, que ouve todo mundo, sempre, deve decidir se o atacante que cobra o pênalti acerta ou erra.

— Que seja o que Eu quiser — diz ele, antes de jogar a moeda.

Atrás do rastro

À noite, em meus sonhos, ando tanto, percorro tantos caminhos pedregosos, tantas paisagens desoladas e veredas moldadas pelo vento, que à meia-noite acordo consumido por uma sede tremenda.

Levanto-me fraco, com a boca pastosa, ponho o roupão e deixo o abrigo em busca de algum poço esquecido pela areia. Caminho às cegas, fustigado por um vento inclemente e queixoso, que vai apagando meus rastros. Com os olhos entrecerrados, adivinho os contornos, reconheço as silhuetas formadas pelas dunas inconstantes, os traços furtivos que persigo enquanto durmo.

Então me lembro do castigo titânico que os deuses me deram, pouco antes de eu acordar consumido por uma sede terrível.

Efeito borboleta

Juan Ramón se cortou ao fazer a barba, e isso prejudicou sua genialidade. Ele gritou com a esposa por nada, e esta, confusa, pouco depois olhou feio para a vendedora da loja. Ela, por sua vez, terminou com o namorado, que, em uma discussão durante o almoço, se recusou a pagar a um fornecedor. Este então recebeu uma bronca de seu chefe, que, apesar de estar certo, ganhou um insulto de seu subordinado.

Assim, essa raiva foi se transmitindo, de pessoa a pessoa, até que chegou, ao anoitecer, a um advogado que, assim que abriu a porta de casa, matou o gato com um chute.

Em toda essa série de circunstâncias infelizes, a lâmina de Juan Ramón foi a única que agiu com sangue-frio.

O piano

O velho pianista já não caminhava pelo parque, nem ia ao cinema, nem se encontrava com os amigos, porque estavam todos mortos. Tudo o que ele fazia era o que sempre fizera: tocar piano. Passava as horas diante dele, como se com isso se agarrasse à vida.

O piano sabia. É por isso que, embora estivesse desafinado e o velho errasse as notas, ele emitia os sons mais doces que podia produzir. Pressentia que, se o velho parasse de tocar, ninguém mais acariciaria suas teclas.

Marco Flecha Torres

Paraguai, 1977

Voejos

Borboletas negras cruzaram sobre nossa cabeça. Centenas, milhares iam batendo as asas, como se saíssem de alguma aldeia de borboletas negras. Traçamos com os olhos um caminho até sua nascente. Vimos a fumaça depois de seu voo, e mais abaixo, no fim da parábola, o fogo no telhado de palha de nossa vizinha. De lá elas brotavam.

Ponteiros

Naquela noite, meu avô se vestiu a caráter, deu corda em seus batimentos cardíacos e se deitou. O tique-taque durou até o amanhecer.

Na corrida

E a tartaruga correu tão rápido que naquela corrida animal terminou em penúltimo, à frente do caracol.

Pedras

Saité gosta de dar pedrinhas de presente. Desde muito pequena, quando tinha um ano e meio, já juntava tudo quanto é pedra que aparecesse em seu caminho. Mas há alguns meses tem feito isso sistematicamente.

— Isto é para você, papai — ela disse certo dia.

— E para que serve? — perguntei.

— Para nada, é só um presente.

Continuou dia após dia, pedra por pedra, as quais fui guardando num pote de vidro. E depois em outro, e outro. Tornou-se nosso entretenimento favorito: conferir, contar peça por peça, limpá-las.

Um dia, perguntei se queria uma casa ou um castelo com elas. Ah, papai! — disse, com aquele olhar ardente e um sorriso brincalhão. Pegou-me pela mão e me levou a uma rua da praça, se agachou e começou a juntar algumas pedras, depois já eram restos de escombros, entulhos, tijolos. Enquanto a seguia, percebi que esses restos iam crescendo até formar uma montanha, uma montanha cercada por casas vazias, pisos inacabados, guindastes enferrujados, inertes.

Enquanto contemplava essa cena, histórias de despejos me vieram à mente, de pessoas vivendo na rua, idosos despojados de suas antigas casas. Toda a endeusada cultura do tijolo tinha terminado em escombros.

— Agora você entende, papai?

A procissão fúnebre

Dona Hermenegilda era a velha mais velha do povoado e tinha uma relação umbilical com a morte. Ela nascera naquela grande guerra e era devota de cemitérios e funerais. Toda vez que alguém morria ela estava na primeira fila, velando e enterrando.

Um dia, estava andando e viu uma procissão fúnebre a distância. Todos de preto, com seus lamentos ao vento. Ela imediatamente tirou o rosário do bolso e esperou o grupo se virar em direção à igreja. Mas aquela procissão de enterro não parou na igreja, seguiu em frente.

— Aonde estão levando o morto? — perguntou, perplexa, a dois jovens que tinham ficado para trás.

— Não há nenhum morto, dona Hermenegilda — responderam aos risos.

— Vocês não podem rir de uma velha viúva, seus sem-vergonhas! — respondeu a octogenária.

Os jovens explicaram o que estava acontecendo: o Clube Atlético Pirizal havia vencido o campeonato local e seus torcedores estavam passeando com a taça em uma espécie de volta olímpica pelo povoado.

Naquele momento, dona Hermenegilda percebeu que não era luto o que vestiam, e sim a cor do time, preto com listras brancas; e não eram lágrimas, mas os gritos bêbados de vitória; e não era um defunto que levavam, e sim a taça do campeonato.

Baixou a cabeça, enfiou o rosário no bolso, abraçou os dois meninos e disse:

— Sem morto não há enterro e, se não há enterro, vamos comemorar o campeonato.

Miguel Gomes

Venezuela, 1964

Minha primeira sombra

ficou em Caracas. Eles a descobriram projetada do nada em uma parede do apartamento onde cresci. Os novos ocupantes a reconheceram, porque esqueci uma foto da minha infância no fundo de uma cômoda que lhes cedi quando a venda foi negociada.

Eles me ligaram e me contaram o caso. Eu nunca voltaria a Caracas, já sabia: que desculpa ia oferecer à minha segunda sombra, com a qual outros sóis, embora tênues, frágeis, tinham me compensado?

Os novos ocupantes, mais velhos, órfãos de crianças, entenderam; a certa altura, aceitaram aquela presença escura em seu corredor.

Quase a adotaram. De vez em quando, eles me mandam retratos de seu hóspede.

Pelas imagens, vejo que ainda se assemelha a mim; acima de tudo, de perfil.

Anatomia da nostalgia

Os saudosos, os expatriados, nós que vivemos por décadas longe da cidade que nos viu crescer, às vezes sofremos desdobramentos: a alma se separa de nós e regressa àquele lugar. A minha fazia isso com frequência, repassando os cantos do amor, o perfil das montanhas, os meios-dias transbordantes de cigarras. Até que tropeçou na fome e foi atravessada por uma bala perdida. Em uma dessas viagens astrais, quase foi vítima de um sequestro relâmpago; depois, de uma sessão de tortura.

Acho que não devo mais mencionar o nome da cidade.

Embora minha alma, envelhecida, não tenha forças para se separar do corpo e esteja desaparecendo, a última vez que veio de lá conseguiu contrabandear a luz de certos amanheceres. Com ela, protege-se da escuridão.

Ouvido em um restaurante abarrotado de deuses

... eles não têm remédio. Dê-lhes sexo e comida; do resto, a Morte se encarrega...

A grande catástrofe

Imagine, leitor, uma rebelião de gravatas. Uma rebelião de gravatas subitamente animadas, que estrangulam seus proprietários ou se enrolam de propósito nos ventiladores.

Será outra versão do fim do mundo. E ninguém me diga que, pelo menos como conto fantástico, não promete.

Lasciate ogni speranza

O elevador tinha capacidade para seis pessoas; lá dentro já havia cerca de vinte.

De qualquer forma, decidi entrar: vim correndo de meu escritório, de olhos fechados, as carnes crispadas, e de um salto mergulhei na confusão. As portas quase prenderam a pasta.

O ascensorista tinha morrido: vi uma cadeira despedaçada. Como os outros, eu a golpeei aos socos e joelhadas. As paredes estremeciam pela pressão; o elevador se moveu e as luzes se apagaram.

Um gemido percorreu o labirinto dos corpos emaranhados.

Notei que alguém estava tentando abrir minha pasta; em troca de um bom número de folhas, o intruso deixou os dedos.

A idosa que pedia ajuda ficou presa na camisa de um homem e morreu sufocada.

Alguém teve a ideia de começar a cantar; os gritos e insultos não deixaram que nada se ouvisse.

O elevador de repente começou a descer. Todos esperamos o baque; esperamos vertiginosamente e nos apavoramos, mas o tempo não se detinha.

As quedas só se tornam reais quando terminam; nesta, ninguém sentiu o menor sinal de dor.

Do elevador, não se soube mais nada.

Ibeth Guzmán

República Dominicana, 1983

Supergirl

Minha namorada é uma Supergarota. Ela pode voar, carregar coisas muito pesadas, destruir paredes enormes com sua visão de raio laser e se teletransportar a uma supervelocidade. Resumindo, pode fazer tudo. A única coisa que minha Supergarota não consegue fazer é sair daquele bendito cartaz e me fazer companhia.

Pobre criminosa

Terça-feira, sem saber o que a esperava, assassinou de modo vil a segunda-feira. A ambição de ser o primeiro dia da semana não lhe permitiu calcular que ela seria agora a mais odiada do calendário semanal.

Entre autores e romances

Em uma caixa cheia de livros, encontrou um romance desgastado pelo tempo. Lembrou-se, pelo título, de tê-lo lido, mas exatamente no lugar em que devia aparecer o nome do autor estava o buraco deixado pela mordida de um rato. Quando começou a ler, as imagens da trama tomaram sua memória. Mais tarde, foi capaz de lembrar o nome do escritor apagado na capa e percebeu que estava lendo sua própria biografia. Justo quando acabava a última página!

Corpo de vidro

Seu corpo frágil se movia com liberdade em suas roupas soltas. Toda vez que as calças aumentavam em seus quadris, sentia uma felicidade momentânea que se apagava quando o espelho lhe devolvia aquela mulher gorda que ela dizia ser. Mais uma vez sentir culpa por ter comido um pedaço de biscoito integral. Mais uma vez procurar um banheiro para expulsar a penalidade. Mais uma vez o desespero dos pais quando olham para o esqueleto da filha. Mais uma vez o hospital. Mais uma vez a morte ao lado da cama. E, desta vez, o funeral de uma garota que idolatrava personalidades de papel brilhante.

O namorado e seu perfil

Inventou um namorado à imagem e semelhança de suas pretensões. Bem-apessoado, carinhoso, romântico, rico... De repente, ela percebeu que sua melhor amiga também tinha um namorado com as mesmas características. Para tornar sua história mais crível, ela procurou fotos, perfil no Facebook, primeiro nome, sobrenome. Ela tornou toda a sua história verossímil para a amiga. Se não fosse pelo fato de o acaso fazer com que as duas escolhessem a mesma foto para o perfil fantasma, ambas ainda estariam dando vida ao seu galã imaginário.

Rafael Ángel Herra

Costa Rica, 1943

A morte

Não corra. Não estou com pressa.

O homem que busca um nó

Cada laço corresponde a um princípio de segurança: o nó quadrado, o lais de guia, o nó da avó, o nó constritor que lembra as cobras. Muitos deles existem desde a época em que os humanos aprenderam a usar pedras para matar, pois já então eram necessários e tiveram de ser inventados. Foram usados pelos persas, pelos gregos, pelos pescadores japoneses, pelos piratas. Conversei com marinheiros enquanto eles amarravam as velas; visitei os alpinistas e os vi praticar os nós que podiam salvá-los. Fui interrogar os caçadores e os vi capturar lebres com cordas. Nós de sangue são trançados na ponta do chicote para açoitar prisioneiros e outros miseráveis. Esses nós me perturbam, embora sua utilidade seja muito clara e de certa forma honrem aquele que os batizou. Os monges franciscanos também os usam em seus cordões.

Já vi laços de linho, papiro, cânhamo, conheci aqueles que os fazem, admirei sua habilidade e aprendi a fazer o nó corrediço. É desse que eu preciso. Por favor, perdoem minha sinceridade hoje, pois amanhã não poderei me desculpar.

O espelho

Parece difícil exercer o ofício de espelho, como se não fosse preciso fazer nada além de ficar lá pendurado, sempre disponível, para refletir o que apareça à sua frente.

Eu me divirto muito e festejo por ser como sou e fazer o que faço. Pensem, por exemplo, naqueles caras que se aproximam de mim (eu os vejo chegar) e fazem todo tipo de caretas com o rosto e o corpo (vejo suas ilusões e frustração), sorriem para si mesmos olhando para mim, até se odeiam sem perceber (eu lhes reproduzo uma imagem que não querem ver): com eles sou frio, impertinente, quase odioso. Não me importo com o que eles imaginam: dá para ver na cara deles.

Fico feliz em reproduzir rostos galanteadores, lábios carnudos que quase querem me beijar. Passo minha vida reproduzindo prazeres e arrogância, crimes, quartos vazios. Alguns me penduram ao lado da cama, para duplicar suas façanhas.

Para mim, dá na mesma passar meu tempo de trabalho refletindo fantasias ou misérias. Só fico amargurado por não ter vida própria. Vivo apenas a vida dos outros.

O sapo brincalhão

Que horríveis são esses insetos, e tão inúteis que nem sequer pulam para ir de um lugar a outro, disse o sapo brincalhão, enquanto observava os cisnes no charco.

A festa do louva-a-deus

Sabem por que a fêmea do louva-a-deus come o macho quando a lua de mel termina? A razão é bem conhecida: ela se sente culpada. Foi educada cheia de culpa, como toda a sua linhagem. Sua mãe, suas avós e tataravós sempre comeram o pai, o avô, o tataravô. Essa voracidade lhes amargou a vida. Sendo tão infeliz como lhe cabe, por tradição familiar, não lhe resta outra coisa a não ser comer o que a leva ao pecado, como sua mãe, sua avó, sua tataravó. Em uma linhagem cheia de culpa, cada geração repete o crime da geração anterior. Tanta culpa fez nascer nela a necessidade de perdão. Sua atitude devota não é falsa, como acontece com animais desonestos: a louva-a-deus, só ela, passa a vida de joelhos e com as mãos tão juntas quanto as beatas.

Ela é tão sábia quanto devota, dizem alguns por aí. Como abomina os problemas que vêm com o amor, ela come seus amantes.

Também dizem por aí que a explicação para tal fato não está na culpa, mas na alta gastronomia: a louva-a-deus adora o prato exclusivo.

Fernando Iwasaki

Peru, 1961

As relíquias

Quando madre Angelines morreu, os sinos do convento badalaram enquanto um delicado perfume, vindo de sua cela, se espalhava por todo o claustro. "São os sinais da sua santidade", proclamou com espanto a madre superiora. "Agora, nosso tesouro será descoberto, o povo virá em busca de relíquias e o bispo levará de nós seu corpo divino." Depois do santo rosário, ajoelhamo-nos junto a ela. Até seus ossos eram doces.

As mãos da fundadora

Como eu tinha medo de beijar o hábito da madre fundadora toda vez que as freiras nos arrastavam até a capela do colégio para ver seu corpo incorrupto. Eu não gostava do seu rosto de múmia nem das suas mãos esverdeadas como biscoitos mofados. O pior de tudo, no entanto, era aquela Virgem adornada com o cabelo da madre fundadora, branco e eriçado como a teia de uma tarântula.

Um dia, as freiras me trancaram na capela pois disseram que eu era mentirosa, me ameaçaram com uma bofetada da fundadora.

Elas acham que vomitei de susto, mas eu tinha de impedir que ela me batesse. A mão esquerda era mais saborosa.

Vamos ao colégio

Como todas as manhãs, vesti as crianças e as ajeitei no banco de trás para que continuassem a dormir. Ligo o carro e o motor começa a aquecer, saindo da inércia. O inverno é duro e prefiro não abrir a janela para as crianças não passarem frio. Corro até a cozinha para preparar o lanche e não há manteiga, o queijo também acabou e eu tenho de abrir uma lata de atum. Quando encontro o abridor de latas, já ficou tarde. Corro para a garagem. Mal consigo respirar. As crianças não acordam.

A caverna

Quando eu era criança, adorava brincar com minhas irmãs debaixo da colcha da cama dos meus pais. Às vezes, brincávamos que era uma barraca de acampamento e às vezes fingíamos que era um iglu no meio do polo, embora a brincadeira mais bonita fosse a da caverna. Como a cama dos meus pais era grande! Uma vez, peguei a lanterna da mesa de cabeceira e disse às minhas irmãs que ia explorar o fundo da caverna. Primeiro elas riram, depois ficaram nervosas e acabaram me chamando de volta aos gritos. Eu as ignorei e continuei rastejando, até que parei de ouvir os seus berros. A caverna era enorme e, quando a pilha da lanterna acabou, já era impossível voltar. Não sei quantos anos se passaram desde então, porque meu pijama não cabe mais e tenho de usá-lo amarrado como Tarzan.

Ouvi dizer que minha mãe morreu.

Peter Pan

Toda noite de lua cheia fecho as janelas de casa, porque o pai do Mendoza é o lobisomem e não quero que ele se meta no meu quarto. Na verdade, eu não precisaria ter medo, porque o pai do Salazar é o Batman e nessas horas ele deveria estar vigiando as ruas, mas é melhor fechar a janela porque o Merino disse que seu pai é o Coringa, e o Coringa jurou de morte o pai do Salazar.

Os pais de todos os meus amigos são super-heróis ou vilões famosos, exceto meu pai, que insiste que só vende seguros mesmo e diz para eu não acreditar nessas besteiras. Mas sei que não são besteiras, porque outro dia o Gómez me disse que seu pai era o Tarzan e me mostrou sua faca, toda manchada com sangue de leopardo.

Eu gostaria que meu pai fosse alguém, mas não há nenhum herói que use gravata e jaqueta xadrez. Se eu fosse filho do Conan, do Luke Skywalker ou do Homem-Aranha, ninguém mais me bateria no recreio. E é por isso que comecei a pensar em quem meu pai poderia ser.

Um dia, ele pegou no sono lendo o jornal e eu olhei para ele, todo magro e largado no sofá, com aquele bigode de mosqueteiro e as mãos pálidas, superbrancas como o mármore da mesa.

Então corri até a cozinha e peguei o cutelo de cortar carne. Pela janela, entram a luz da lua e os uivos do pai do Mendoza, mas meu pai já grita mais alto e parece um pirata de verdade. Que o Merino, o Salazar e o Gómez se cuidem, porque agora sou filho do Capitão Gancho.

Enrique Jaramillo Levi

Panamá, 1944

Quase ao mesmo tempo

“Vou criar um contrassenso”, disse ele, e sentou-se para escrever o que foi planejado com sua mão esquerda — ele era canhoto —, enquanto quase ao mesmo tempo, com a direita, dava um tiro na têmpora.

Fracassado

Sem ser um vidente, você pode antecipar o desenlace. Isso, sim, você consegue fazer. Vai sair caminhando cabisbaixo até lugar nenhum como a coisa mais natural do mundo. Não vai olhar para trás porque não há passado que valha a pena. Você não se lembra do que não aconteceu. E como tampouco há uma memória certa do futuro em você, apesar das vicissitudes da ficção científica e da suspeita de tempos e espaços paralelos ou intercambiáveis por parte da própria ciência, basta se render ao azar com a certeza absoluta de que não há certezas.

Quando você finalmente chega aonde nem sequer remotamente ia, percebe que de fato não se moveu um milímetro de onde sempre esteve. Mas não se surpreende. Se você aprendeu alguma coisa, foi a de que o absurdo é uma parte fundamental da realidade. Lento e inseguro sim, mas burro você não é.

E é que naquele dia, cheios de cocaína e álcool, os cientistas simplesmente não te programaram bem: os defeitos de funcionamento saltam à vista. Você é um robô fracassado.

Oscilações

Está com muita fome. O vazio que morde suas entranhas faz com que se curve. Começa a sentir frio. É incapaz de controlar os tremores de seu corpo à medida que a temperatura cai. Para se proteger do frio, adota a posição fetal. Costuma-se dizer que o calor é insuportável e que comeu demais. É tanta a saciedade que agora estufa a barriga e assume novamente a postura vertical, tentando acomodar seu novo desconforto. Não suporta o fogacho que arranca gotas grossas de suor de sua pele avermelhada, e joga as roupas no chão. Mas as correntes gélidas, que chegam de súbito e se fixam na medula dos ossos, forçam-no a dobrar-se mais uma vez até parecer uma bola compacta e trêmula.

Então a fome o perturba de novo. Primeiro morde os dedos de uma das mãos e os engole um por um. Depois devora a outra mão. Seguem braços, pés, abstraindo-se da dor até que se torna fruição desmedida. Empanturrado de carne, sente um calor selvagem que percorre suas veias como uma infinidade de agulhas. Às dentadas, abre gretas na pele restante, tentando se refrescar no contato com o ar.

Entra um frio que transforma seu sangue em blocos mais duros que os ossos.

O balão

Entediado, sem motivo especial, comprei um lindo balão preto e continuei caminhando lentamente pelas veredas internas da floresta, ficando o mais longe possível da agitação. Era um domingo ensolarado, como qualquer outro de primavera.

Cheguei a uma praça cheia de pessoas indo e vindo em todas as direções. Eu não podia tomar outro rumo e continuei a marcha, às vezes abrindo caminho com empurrões. O balão balançava lânguido na frente dos meus passos e quase dava a impressão de que se movia livremente e de forma horizontal, sem estar sujeito ao fio não muito longo que eu tinha em uma das mãos.

Em determinado momento esqueci as pessoas, as vozes e os cheiros ao meu redor e passei a observar o deslocamento contínuo que o balão fazia em frente aos meus passos. Logo depois, tornou-se um elemento tão importante que deixei de ter plena consciência do meu ser.

Quando pude retomá-la, já estávamos em frente ao lago. Foi horrível, mas de repente senti que não era nada mais que um grão sem contornos naquela perambulação de gente por toda parte, ignorando sopros sem direção. Tive a impressão de que não estava sujeito à gravidade porque estava me desmaterializando. Especialmente ao olhar para baixo e não me ver em lugar nenhum entre a massa confusa de cores movendo-se em lentas espirais.

A imagem em si

Ele me disse: não se olhe mais no espelho ou vou embora, parece que você se esquece de que estou com você, juro que desta vez se eu sair eu não volto, você não quer que eu concorra dia e noite com sua vaidade; mas uma força alheia a mim reteve meus olhos em frente, e de pé, olhando para mim, eu também podia ver o gesto enojado, os passos determinados que começavam a se afastar, até que fiquei sozinha e, fechando os olhos, antecipei a naturalidade com que dois braços brancos iguais aos meus foram se desprendendo do corpo que me imitava e como iam lentamente se estendendo em minha direção, procurando por mim, até que as mãos se abriram para tocar meu corpo trêmulo e me despojaram das roupas leves que o cobriam, como alguém que docemente deixa uma fruta sem pele, as pontas primeiro e continuando sem o menor esforço de extremo a extremo.

E então abri os olhos sabendo que o deleite sentido iria se fundir com o que ela, nua também, estava agora fazendo comigo deste lado do espelho, ao me percorrer por completo e terminar esmagando, como uma esponja quente, sua silhueta contra mim para mudar de lugar comigo ou se tornar uma só coisa bonita com meu corpo, a imagem em si e não seu reflexo; só que, mais imersa em êxtase que eu, não percebia que já éramos uma paixão única que se realizava no inverso da angústia, sem a necessidade de espelhos ou homens acossadores.

Isabel Mellado

Chile, 1967

Promoção

Fui comprar um abraço na liquidação, mas não tinham do meu tamanho. Só havia um rosa e grosso que ficava largo. A vendedora tentou me convencer a comprá-lo, argumentando que era quentinho e muito prático, porque me permitia levar comigo muito sentimento. Além disso, se eu comprasse um abraço, me davam também um aperto de mão ou de outras partes do corpo. Parecia tentador, mas eu precisava pensar um pouco.

Enquanto isso, fui a outro balcão para sentir o cheiro das sensações da temporada outono-inverno, que este ano são claramente de tendência derrotista bucólica, com uma pitada de minimalismo bélico.

Espero conseguir dinheiro para alguma má intenção, umas suspeitas e pelo menos um palpite.

Eu me apaixonei por um peixe

Eu me apaixonei por um peixe e levei-o a um hotel de cinco estrelas. No decorrer da noite, quando finalmente conseguimos consumar nosso amor (era muito escorregadio), descobri que não era virgem. Decidi ignorar, mesmo sabendo que isso caía mal na aldeia. Muito mais difícil para mim foi ignorar seus olhos, brancos mesmo horas depois do orgasmo.

Isso no início lisonjeou minhas artes amatórias, mas depois, com sua rigidez, sua reserva, seu sangue-frio e, depois de tanta intimidade, não querer trocar algumas frases carinhosas, ou pelo menos um cigarro, percebi que nossa história permaneceria sendo de lençóis e escamas.

Epopeia

Quando Epopeia, nossa galinha, esticou as canelas, meu irmão Raul teve de substituí-la. O trabalho dignifica, cacarejava enquanto botava seu primeiro ovo. Não foi tão ruim, só meio desbotado, e por isso decidimos acrescentar alguns punhados de milho e vermes a sua dieta.

Agora ele tem mais experiência no assunto. Claro, enquanto está empoleirado, a vaidade lhe sobe à cabeça. Cada ovo carrega seu sol dentro dele, nos diz muito solenemente, e nos obriga a girar em sua órbita. De minha parte, estou me reorganizando.

Nossa vaca Primavera já é muito velha.

Nem poema

Primeiro eu acordo. O espelho termina de me lamber. Então, na banheira, eu alimento o gato de espuma, frágil de trás para a frente e da frente para trás. O dia flui que dá gosto.

Ponho meu coração de couro preto, o coração do sábado. Finalmente abro a porta.

Seus olhos azul-jeans me rotulam. Sorriso frapê. Finjo que te conheço. Coxas, corda bamba. Você aperta minhas orelhas. Suco de limão fresco.

E é isso.

Isso não é um conto nem o cheiro de um gato.

Elvis

Eu escuto e imploro ao ritmo para te trazer. Vem aqui com a velocidade do teu tempo. O som cresce, acordes risonhos. O trinar da tua voz é o contraponto perfeito para meu pestanejo de moagem de horas, para o refrão medíocre das minhas solas. A noite sem ti é obscena.

Vem mergulhar nas minhas mãos. Eu te amo com cuidado de escova. Preciso descobrir teus dígitos. Teu DNA, teu RG, a aerodinâmica das tuas pontas, a barbárie dos teus dentes. Acredito na equidistância, na justiça dérmica.

Vamos revogar a cautela, os tapumes de silêncio. Cabe tudo em um compasso e nós dois cabemos no meu corpo. Os segundos se arruínam. O caminho está aberto: êxodo. A travessia imemorial do sêmen. A eureca perpétua.

Teu corpo pode tudo, mesmo ausente. Sacramento da nossa fé pelos séculos e esta noite, Olé. Eu pego a mancheias a casca dos beijos que idealizei contigo e os ponho na prateleira ao lado da lavanda.

Só então o CD termina.

Leva minha casca contigo. A manhã será um rato lambendo minhas vísceras, mais um rato apaixonado.

José María Merino

Espanha, 1941

Buraco negro

O homem caminha pela praia solitária e encontra na margem, trazida pelas ondas, uma garrafa de vidro preta, com um sinal muito estranho impresso na tampa. Enquanto a desatarraxa, ele pensa em suas leituras quando criança: o gênio preso, as mensagens dos náufragos. Aberta, a garrafa inicia uma violentíssima inalação que suga tudo que a rodeia: o homem, a praia, as montanhas, as aldeias, o mar, os veleiros, as ilhas, o céu, as nuvens, o planeta, o sistema solar, a Via Láctea, as galáxias. Em poucos instantes, todo o Universo foi encerrado na garrafa. O movimento foi tão abrupto que a caneta caiu de minha mão e todos os meus papéis se reviraram. Recupero a caneta, ordeno as folhas, começo a escrever novamente a história do homem que caminha pela praia solitária.

Convivência

A primeira vez que o ouvi, pensei que alguém tinha entrado em casa. Eram sete horas da noite, minha esposa tinha ido ao cinema com umas amigas, eu estava na sala lendo o jornal, e o murmúrio veio a mim do outro lado do apartamento. Levantei-me: no fim do corredor, atrás da porta aberta de meu escritório, a lâmpada na mesa brilhava e uma voz cantarolava uma melodia familiar. Fiquei escutando até descobrir que quem cantarolava era eu mesmo: eu tinha ficado ali, apesar de ter ido para a sala de estar. Muito perturbado com o incidente, voltei para a sala e fiquei ouvindo a melodia até que ela se extinguiu. Voltei ao meu escritório: a lâmpada estava apagada e não havia ninguém.

Alguns dias depois, em outra tarde em que minha esposa também estava ausente, o fenômeno se repetiu: dessa vez eu estava em meu escritório, de frente para o computador, quando comecei a ouvir a televisão na sala de estar. Do corredor, vi meu próprio vulto sentado no sofá com o jornal nas mãos.

Agora, quando estou sozinho em casa, tenho ciência de estar na sala de estar ou no escritório, mas sei que ao mesmo tempo estou em outro lugar. Meu medo inicial foi se apaziguando, mas permaneço imóvel até que meu barulho em outro lugar acabe e a luz se apague, horrorizado de que algum dia eu e eu possamos nos encontrar.

O outro sonho

Quando acordei, estava rodeado por meu pai, minha mãe, meu sogro, minha sogra, Luisín, Elenita, Andrés e Matilde.

— Você tinha adormecido — disse Andrés.

— Bem, sim. E sonhei muito — respondi.

— O que você sonhou?

— Que estava vivo.

Amor de conferência

Dou uma palestra sobre literatura e explico que qualquer coisa pode sugerir uma história, e que é o olhar do escritor que descobre esses sinais. Se, em vez de mim, quem tivesse falado com eles fosse Hans Christian Andersen, certamente encontraria o embrião de uma história nas três garrafas de água sobre a mesa. Minha apresentadora e eu abrimos as respectivas garrafas, e as duas se apaixonaram. Mas a garrafa que está diante do diretor da venerável instituição que nos recebe, com ciúmes do amor repentino entre as outras duas, está disposta a dificultá-lo. Continuo falando, bebo de vez em quando, até descobrir que minha garrafa, pela metade, está ficando cada vez mais longe de minha mão e mais perto da mão da apresentadora. Quando começo a falar sobre o conto literário, na minha frente encontro a garrafa do diretor, já aberta. Não há dúvida de que no calor da conversa eu inadvertidamente manipulei as garrafas, e, ao procurar a minha para me servir outro copo d'água, eu a vejo no extremo da mesa, ao lado da garrafa da apresentadora. Diante de ambas está a garrafa quase cheia do diretor. Um tremor inesperado da mesa as derruba, e minha garrafa e a do diretor rolam juntas, caindo no chão do palco e derramando a água que ainda contêm, respingando-nos. O incidente surpreendeu todos nós, e não me atrevo a dizer que a única garrafa que permanece na mesa me parece ter um aspecto muito triste.

Pé

De solteiro passou a solteirão, e está bem acostumado a dormir sozinho. Certa noite, ele é despertado pela sensação de um contato incomum, um de seus pés tropeçou na pele quente e macia de um pé que não é dele. Mantém o pé colado ao outro e estende o braço cuidadosamente para procurar o corpo que deve estar a seu lado, mas não o encontra. Acende a luz, levanta os lençóis da cama, não há nada ali embaixo. Imagina que sonhou, mas alguns dias depois ele acorda novamente ao sentir aquele toque de maciez e calor alheios, e até mesmo a forma de uma planta do pé que se apoia no peito do seu. Dessa vez ele permanece quieto, aceitando o contato como uma carícia, antes de dormir novamente. A partir daí, o pezinho vem para se encontrar com o seu, noite após noite. Durante o dia, os colegas e amigos acham-no mais alegre, jovial, mudado. Ele espera a chegada da noite para encontrar na escuridão o toque desse pé no dele, com a impaciência de um jovem apaixonado antes de seu encontro...

Agustín Monsreal

México, 1941

Enigmas da saudade

Visitei a cidade velha onde ela mora, caminhei pelas ruas que caminha, senti o vento que a despenteia, os aromas que ela respira. Mas não, não me atrevi a bater em sua porta. Depois de vinte e cinco anos sem vê-la, o encontro não teria sido alegre ou triste. Só teria sido patético. É preferível continuar envelhecendo nessa eternidade sem ela.

Junto e separado

O senhor padre chega à minha casa todas as sextas-feiras às seis da tarde para tomar chocolate e comer fatias de pão doce. Quando termina, ele vai para um dos quartos dos fundos ou com mamãe, ou com tia Eulalia ou com tia Eulogia: ele escolhe qual das três. Nós crianças respeitosamente podemos chamá-lo de pai, mas não de papai.

Papéis a limpo

Será que a Mulher do Próximo é realmente tão apetitosa, ou é porque ela é a Mulher do Próximo que você a acha tão apetitosa? Ainda seria tão apetitosa se um dia, em vez de ser a Mulher do Próximo, ela fosse sua própria mulher? Quanto tempo você acha que levaria para sua esposa parar de ser, a seus olhos, apetitosa?

Destino de madeira

Quando experimentou o peso da velhice, Pinóquio decidiu se jogar no mar em busca do ventre da baleia como sua tumba eterna. Mas não a encontrou, e seu cadáver foi parar em uma praia deserta onde apodreceu, cheio de musgo como se fosse um pedaço de barril ou barco, e ainda acabou servindo de guarida a alguns insetos que pululam pela areia.

Círculo seletivo

O espelho reflete todos igualmente, não faz distinções de nenhuma espécie, de qualquer raça, de qualquer cor. Não importa se o amam ou o desprezam, isso não depende dele. A sua questão é, sim, estar lá, disponível para aqueles que precisam. Nisso ele se parece incrivelmente com o Sol, o ar, Deus. Às vezes, o espelho se quebra, e então tudo se desfigura.

Diego Muñoz Valenzuela

Chile, 1956

Como a poesia inspira histórias de amor

A doce bruxa se apaixonou pelo licantropo. Ela não sabia se havia sido seduzida por seu sorriso gentil e cheio de presas, seu olhar lupino inundado de desejo ou suas palavras lentas e cuidadosas. A questão é que deu para ler poesia. Leu Miguel Hernández e sentiu as reviravoltas de seu coração de veludo puído. Leu García Lorca e tornou-se potra de nácar e jovem dama. Implorou ao licantropo para levá-la ao rio. Ele, gentil, concordou. Sob a lua, fizeram amor e foram felizes. Mais tarde, quando a aurora foi anunciada por um galo, ele se foi para sempre, cantando. A bruxa reconheceu os versos e cantou com uma bela voz. Adoro o amor dos marinheiros que trocam beijos e vão embora. Deixam uma promessa, nunca mais voltam.

Reabilitação de Circe

A linda Circe estava entediada com a simplicidade de Ulisses. Embora ele fosse fogoso, bem-dotado e bonito, a convivência a cansava. Ela costumava transformá-lo em cão para chutá-lo, e ele soluçava e implorava por perdão. Ela o transformava em cavalo para galopar ao redor da ilha de Ea, chicoteando-o com força. Ela o transmutava em porco para humilhá-lo alimentando-o com restos. Voltava a dar-lhe forma humana para fazer amor, e voltava a se irritar com sua conversa mole. Finalmente o expulsou do reino, restituiu-lhe o barco e seus tripulantes e forneceu-lhe alimentos para uma longa viagem. "Vá embora e não volte", ordenou com voz categórica para o viajante choroso, "e diga o que quiser para ficar bem na história". E assim soprou um hálito mágico para inflar a vela do barco.

O quarto azul

Acordo em um quarto azul pastel, cheio de quadros de cores vivas. A colcha é vermelha. Por uma janela entra o ar fresco do campo. Os objetos parecem ligeiramente alongados, como em um quadro de Modigliani. Sento-me e olho para o chão de tábuas rachadas onde se mesclam tons de marrom e verde. Assomo a cabeça pela janela e vejo que é noite: imensas estrelas pendem do céu. Encontro o espelho. Olhos fulgurantes me contemplam sob uma cabeleira vermelha e selvagem. O ar se agita ao redor, forma correntes coloridas. Então compreendo quem sou. Pego a navalha e corto minha orelha. O sangue brilha como mil sóis furiosos e eu caio entre lírios, girassóis e infinitos campos de trigo.

A caminhada matinal

Passava por ali todas as manhãs, com as mãos nervosas escondidas nos bolsos do casaco já tão surrado. Ele a observava em silêncio, até se esquecia da fome por uns momentos, enquanto lhe enviava imagens alegres, de ciúmes, de sofrimento. Concentrava-se nesse ar altivo, nessa sua distância, em seus olhos perdidos ao longe. Nunca ficou desencorajado por sua indiferença, nem por essa distinção tão discrepante de sua própria miséria.

Às vezes, ela sentia o calor de seu olhar; talvez até quisesse responder-lhe, sorrir para ele em particular ou derramar uma lágrima. Mas há tantas, tantas coisas proibidas para um manequim encerrado em sua vitrine.

Mesmo assim, ele sobreviveu todo esse tempo graças a ela.

Vodu 3

Sua irmã mais nova era insuportável. Escondia sapos e cobras entre os lençóis, ocultava tarântulas em sua calcinha, introduzia escorpiões em sua carteira. A gota d'água foi quando, através de um feitiço, transformou seu gato em um nauseabundo rato de esgoto.

Fez a boneca com um esmero maligno. Em um tapete verde distribuiu as agulhas, acendeu uma vela e reuniu navalhas, pinças e tesouras. Prestes a começar sua tarefa, sentiu um calafrio na espinha dorsal. Virando-se, viu sua irmãzinha balançando uma adaga envenenada para fatiar a coluna de uma bonequinha semelhante a ela.

Andrés Neuman

Argentina, 1977

A felicidade

Eu me chamo Marcos. Sempre quis ser Cristóbal. Não que eu queira que meu nome seja Cristóbal. Cristóbal é meu amigo; eu ia dizer o melhor, mas vou dizer o único. Gabriela é minha mulher. Ela me ama muito e dorme com Cristóbal.

Ele é inteligente, autoconfiante e um dançarino ágil. Ele também monta a cavalo. Domina a gramática latina. Cozinha para as mulheres. Depois as come no almoço. Eu diria que Gabriela é seu prato favorito.

Uma pessoa desatenta pode pensar que minha esposa me trai: nada poderia estar mais longe da verdade. Eu sempre quis ser Cristóbal, e, por isso, não vivo de braços cruzados. Pratico não ser Marcos. Faço aulas de dança e reviso meus livros da escola. Sei muito bem que minha mulher me adora. E sua adoração é tanta, tanta, que a pobre dorme com ele, com o homem que eu gostaria de ser. Descansando no robusto peitoral de Cristóbal, minha Gabriela me espera ansiosa, com os braços abertos.

Tanta paciência me enche de alegria. Espero que meu esforço esteja à altura de suas esperanças e que algum dia desses, em breve, nosso momento chegue. Aquele momento de amor inabalável que ela planeja tanto, enganando Cristóbal, acostumando-se com seu corpo, seu caráter e seus gostos, para estar o mais confortável e feliz possível quando eu for como ele e o abandonarmos.

Sinopse do lar

Eu amo minha irmã.
Minha irmã ama meu pai.
Minha mãe amou meu pai.
Meu pai não ama ninguém.

Os prisioneiros

O homem mal se distingue no fundo de sua cela, um triângulo escuro silencioso, sem ventilação, sem companhia. Há apenas dois móveis: uma tábua sobre dois suportes que imita uma mesa e uma cadeira de estabilidade precária que suporta cada dia menos o peso do homem prisioneiro. Mas o prisioneiro escreve, quase às cegas, em uns velhos rolos de papel. Neles, conta a história de Axel, um prisioneiro que consome seus dias em uma pequena cela triangular. Axel não suporta seu próprio fedor e as estranhas sombras projetadas pelas paredes. Tem dificuldade para dormir e nunca sonha. Passa as horas, as lentas horas triangulares de sua vida, rabiscando em uns rolos velhos de papel a história de um preso que se desespera em sua vigília, trancado entre as três paredes de uma prisão da qual ele sabe que não vai sair. Seu nome é Brenon, e certamente ele cairia em desespero se não fosse pelo fato de que dedica quase todo o seu tempo a narrar o suplício triangular e imóvel de Cristian, nome do angustiado prisioneiro cuja única tarefa consiste em tramar as horas de um homem infeliz que nunca deixará sua prisão equilátera, David. Mas David narra Ernesto, Ernesto narra Fiódor, Fiódor narra Gastón, e assim por diante até que um certo dia, um dia em um determinado momento, o último dos prisioneiros inventa uma maneira de escapar: Zeno, em vez de continuar descrevendo os dias infinitos de um determinado personagem em uma prisão triangular, sente uma presença às suas costas e, depois de hesitar por um momento, se volta para Yago, que era quem escrevia sua história. Nesse exato momento, Zeno fica livre. Com o imediatismo de um raio, Yago pressente que algo está acontecendo e quase sem se dar conta rabisca o nome de Xavier, e então fica livre. Na sequência, Xavier menciona Walter, que menciona Viltias, que menciona Utor, que menciona Tames, e assim, sucessivamente, todos os prisioneiros vão ficando livres até que, soltando a caneta e sem poder acreditar, o primeiro homem cruza o portão de ferro de sua cela triangular.

Mas minha cela, não. Minha cela não se abre.

As coisas que não fazemos

Gosto que não façamos as coisas que não fazemos. Gosto de nossos planos quando acordamos, quando o dia sobe na cama como um gato de luz, e que não realizamos pois nos levantamos tarde por tê-los imaginado tanto. Gosto das cócegas que insinuam em nossos músculos os exercícios que enumeramos sem praticar, as academias às quais nunca vamos, os hábitos saudáveis que invocamos como se, só por desejá-los, seu brilho pudesse chegar até nós. Gosto dos guias de viagem que você folheia com essa atenção que eu admiro tanto e cujos monumentos, ruas e museus não chegamos a pisar, fascinados diante de um café com leite. Gosto dos restaurantes aos quais não vamos, da luz de suas velas, do sabor que ainda está por vir de seus pratos. Gosto de como nossa casa fica quando a detalhamos com reformas, seus móveis magníficos, sua ausência de paredes, suas cores ousadas. Gosto das línguas que gostaríamos de falar e sonhamos em aprender no próximo ano, enquanto sorrimos debaixo do chuveiro. Ouço de seus lábios essas doces línguas hipotéticas, suas palavras me enchem de razões. Gosto de todos os propósitos, declarados ou secretos, que não cumprimos juntos. Isso é o que eu prefiro compartilhar na vida. A maravilha aberta em outro lugar. As coisas que não fazemos.

Margens

... Eu a reconheci no meio-fio, justo quando o esquecimento cingia sua lã cinza e o cimento deslizava sob meus pés sem saber para onde. Bem no limite da tarde, um nome de repente despontou dos sons dos carros, dos pássaros, das grossas gotas metálicas que ainda caíam das árvores, e assim um rosto de lençol frio abriu caminho para se mostrar no final da rua com seus dois olhos de bala parada. O rio rastejava entre lamentos de serpentes. Os guarda-chuvas depostos eram morcegos caçados por uma lança curta, pendiam de pulsos e antebraços, balançando. E quando o esquecimento já começava a tramar seu plano, eu a reconheci no meio-fio: era minha morte, pálida, bela e esperando por mim. Ela se vestia como o rio.

... Atravessei a rua e mudei de calçada, tentando não olhar para os lados.

Julia Otxoa

Espanha, 1953

Cerimônia

Murata Takarai decidiu acabar com a própria vida. Sua amante o abandonara, então ele começou os preparativos para sua morte. Convocaria seus amigos mais próximos na hora do chá no jardim para dizer adeus, mas... que amigos ele considerava íntimos? Que tipo de chá seria adequado? Ele conhecia mais de cem classes diferentes... e o lugar do jardim?

Murata Takarai passou o resto da vida preparando a cerimônia do chá para anunciar sua morte aos amigos. Morreu muito velho, de causas naturais. Hoje ele é reverenciado no Japão como um de seus maiores estetas.

Velho e árvore

O velho estava lá em frente ao ambulatório, encostado em uma árvore.

Sua figura frágil, como um vulto escuro, dobrado sobre si mesmo, parecia de trapo. De súbito, ele deu alguns passos para a frente, afastando-se da árvore, que sem seu apoio caiu lentamente, derramando-se sobre o asfalto.

Aniversário

Come o que cai da mesa ou alguém joga fora.

Ninguém se atreve a se curvar para olhar para ele, coisa que seria muito malvista pelo restante dos comensais. Portanto, X não faz isso, mas pensa constantemente em fazê-lo, e quase não presta atenção na conversa daqueles que vieram de longe para comemorar seu aniversário.

X nem sequer prova os pratos requintados, os vinhos antigos trazidos de presente pelo pai e os irmãos. Está alheio: tudo o que deseja é contemplar a fera que rasteja sob a mesa, ficar horrorizado com as feridas infectadas, os olhos perdidos, as presas longas, as mandíbulas abertas, a fome insaciável... Mas, no momento, tem de se contentar em sentir o calor das violentas arfadas em suas pernas, o cheiro fétido que lhe dá náuseas.

Sabe que, como todos os anos, sua esperança de vê-lo sozinho será em vão, porque quando sua família partir, o monstrinho também desaparecerá com eles.

Obras

O pedreiro golpeia as paredes antigas da casa e, em vez de entulho, todos os dias esvazia na caçamba sacos cheios de nuvens. Estas, logo transbordando os limites do imaginável, estendem-se como um manto de algodão, subindo mansas a poucos metros do chão, cobrindo todo o bairro dos Prodígios para deleite dos passantes habituais, que encontram na paisagem borrada, nesta doce brancura que cega seu rumo, um novo incentivo, uma oportunidade de perda e aventura.

Cabideiro

Os funcionários permaneciam pendurados na parede como casacos velhos, até que algum chefe precisava deles e os pegava, tirava-lhes a poeira acumulada com um espanador azul e os punha para trabalhar ao lado da máquina correspondente de reprodução de empregados.

Às vezes, em cima daqueles que não eram usados, uma espessa camada de poeira se acumulava, e os transformava em uma massa amorfa indistinguível da parede descascada.

Alguns deles, mumificados, eram vendidos aos arqueólogos, que investigavam sinais de restos humanos nas reproduções de funcionários europeus do ano de 2022 d.C.

Kras Quintana

Nicarágua, 1991

Cinza

As chamas consumiram tudo, menos a mim. Do condomínio de apartamentos, eu era o único sobrevivente, ou assim pensei até que um vento forte me levou pelos ares.

Banheira

— Você já sabe: se der cara, você vem aqui e deixa aquele lugar patético. Se der coroa, paro de te incomodar e vou embora para sempre.

Com a mão trêmula, jogou a moeda, que deu várias voltas no ar até cair na superfície do líquido.

— Deu coroa antes de afundar!

— De onde eu vejo, deu cara — disse seu reflexo na água.

Quando os socorristas tiraram o corpo da banheira, encontraram uma moeda tampando o ralo.

Engano

Distrai a vítima com bajulação enquanto adiciona os ovos de larva em sua bebida. No fim da noite, declara seu amor assegurando que ele é o único que lhe faz sentir borboletas no estômago.

Cinéfilo

Depois do estrondoso acidente e de meu encontro com a morte, pude comprovar que, pouco antes de morrer, a vida é projetada para nós como um filme. Vemos o cotidiano de nossos dias em cada detalhe.

Que filme terrível o meu: o roteiro era nojento, as atuações lamentáveis, a fotografia maçante, a direção péssima. Que tédio era minha vida! Felizmente, sobrevivi para entrar em grupos mafiosos, assaltar bancos, traficar drogas, derrapar em estradas perseguido pela polícia. O que posso dizer? Sempre admirei Tarantino.

Eco de sentença

— A comida!

— Sim, amor.

— Rápido ou te mato.

— Desculpe, amor.

— Se você tiver outro, te mato.

— Não, amor.

Assim conversavam os papagaios incansavelmente depois de devorar as poucas sementes que tinham restado em suas vasilhas. Na sala de estar, o corpo de sua dona começava a se decompor, sem ter acreditado nas ameaças de seu carrasco.

Ednodio Quintero

Venezuela, 1947

A morte viaja a cavalo

Ao anoitecer, sentado na cadeira de couro de bezerro, vovô pensou ter visto uma figura estranha, escura, frágil e alada voando na direção do Sol. Aquele presságio o fez se lembrar de sua morte. Levantou-se calmamente e entrou na sala. E com um gesto firme, no qual se adivinhava, no entanto, certa resignação, pegou a espingarda.

Montada em um cavalo negro, pela estrada estreita paralela ao rio, a morte avançava em um galope frenético e quase cego. O avô, de seu mirante, reconheceu a silhueta do inimigo. Ele se entrincheirou atrás da janela, preparou a arma e mirou no coração de pedra do carrasco. Besta e cavaleiro cruzaram a linha imaginária do pátio. E o avô, que sempre esperou por este momento, disparou. O cavalo parou no ato e o cavaleiro, com o peito perfurado, abriu os braços, inclinou-se sobre si mesmo e caiu no chão, mordendo a poeira acumulada nos tijolos.

O tiro interrompeu nossas tarefas diárias, ressoou no vento cobrindo nosso coração de ansiedade. Fomos ao pátio e, como se tivéssemos estabelecido um acordo prévio, em um semicírculo rodeamos o caído. Meu tio se separou do grupo, tirou o chapéu e, inclinado sobre o corpo ainda quente daquele estranho, virou-o de cara para o céu. Então vimos, iluminado pelos reflexos cinza do pôr do sol, o rosto sereno e sem vida do avô.

Tatuagem

Quando seu prometido voltou do mar, eles se casaram. Em sua viagem às ilhas orientais, o marido tinha aprendido com esmero a arte da tatuagem. Na própria noite do casamento, e para espanto de sua amada, ele pôs suas habilidades em prática: munido de agulhas, tinta chinesa e corantes vegetais, ele desenhou no ventre da mulher uma bela, enigmática e afiada adaga.

A felicidade do casal foi intensa e, como ocorre nesses casos, breve. No corpo do homem reviveu uma estranha doença contraída nas ilhas pantanosas do Leste. E uma tarde, de frente para o mar, com o olhar perdido na vaga linha do horizonte, o marinheiro empreendeu a tão esperada jornada para a eternidade.

Na solidão de seu quarto, a mulher se entregou ao choro, e às vezes, como se encontrasse algum consolo, acariciava o ventre adornado pela preciosa adaga.

A dor foi intensa, e também breve. O outro, um homem do continente, começou a rondá-la. Ela, no início evasiva e recatada, foi cedendo terreno. Os dois marcaram um encontro; na noite combinada ela esperou por ele nua na penumbra do quarto. E no calor do embate, o amante, forte e impetuoso, caiu morto em cima dela, perfurado pela adaga.

Caça

Permanece estirado, de barriga para cima, na cama estreita de madeira. Com os olhos entreabertos, procura nas estranhas linhas do teto o início de um caminho que o afaste de seu perseguidor. Durante noites inteiras suportou o assédio, atravessando prados de ervas venenosas, vadeando rios de vidro moído, cruzando pontes frágeis como biscoitos de polvilho. Quando o perseguidor está prestes a alcançá-lo, quando ele o sente tão perto que sua respiração roça-lhe a nuca, ele se remexe na cama como um galo que recebe um esporão em pleno coração. Então o perseguidor se detém e descansa recostado em uma árvore, esperando pacientemente que a vítima feche os olhos para retomar a caçada.

Dono de um coração solitário

— uma canção do Yes —
Para Leda, minha filha

Em uma esquina eles me atacaram, e antes que eu pudesse reagir eles já estavam me levando, quase arrastado, sustentado pelas axilas. Os agressores eram dois indivíduos corpulentos, armados até os dentes, óculos escuros, guardiões da lei. Subimos os degraus do Palácio da Justiça, um bloco de ferro, concreto e vidros fumê, noventa andares, o prédio mais alto da cidade. Eu sabia que não haveria julgamento nem apelação: eu estava sentenciado a um tiro na nuca, em uma cela sem ventilação. Na entrada, uma multidão vociferante aguardava, celebravam um ritual carnavalesco e disputavam os despojos de um mendigo que acreditava ser rei. Aproveitei um instante de confusão e fugi. Entrei em um elevador expresso que levava ao último andar, noventa segundos e pronto. Corri para o terraço, do qual se vislumbrava, vertiginosamente, a maldita cidade. Eu era dono de um coração gélido e solitário, o meu. Ganhei impulso e me lancei ao vazio. Agora eu voo com as asas abertas, rumo ao sul. Sempre tive sonhos de falcão.

TV

Uma garota viu na TV o sacrifício de um bonzo. Então procurou sua única boneca, banhou-a em gasolina e ateou fogo nela. Quando os bombeiros chegaram, todo o bairro estava em chamas.

Solange Rodríguez Pappe

Equador, 1976

Indestrutível

Sempre foi forte, mas sentia que, nas festividades de fim de ano, havia chegado a um limite do qual não havia retorno. Decidiu que se o telefone tocasse durante a noite, não se cortaria. Tinha passado dois dias indo do sofá para o quarto e forçando-se a terminar o último litro de iogurte na geladeira. Agarrando-se ao fato de que estava havia quase onze meses sem se machucar. Assim, ia das lágrimas a um fio de esperança e, então, novamente para o sonho negro daqueles que se ansiavam mortos.

Por volta da meia-noite do dia 31, a decisão estava tomada. Sentou-se à mesa de jantar e apontou a luminária para os pulsos. Se ia fazer aquilo, seria à perfeição, como tudo o que já fizera em sua vida de pressões e exigências. Enquanto pensava em qual seria o melhor instrumento, o toque do telefone feriu o silêncio. Chateada, ela continuou com a determinação daqueles que sabem como manter os compromissos.

Com aquele barulho atordoante ao fundo, mal doeu enterrar fundo no pulso esquerdo a lâmina da faca de frutas. Ficou muito surpresa que quase não houvesse sangue. Cerrou os dentes.

Quando cravou mais fundo, os filamentos azuis começaram a aparecer, o córtex do tecido metálico e a rede nervosa de fios que emitiam uma pulsação cintilante ativa. A partir daí, a lâmina não pôde mais atravessá-la.

Seu olhar era claro e seco quando encontrou sua entranha indestrutível.

Um aniversário

Algum dia, todas as horas de insônia; a água corrente do vaso sanitário; cada um dos filhos que se esvaíram em sangue; as unhas quebradas na raiz; a saliva usada inutilmente; os livros esvaziados por cupins; cada um dos insetos que esmaguei, voltarão para me exigir que preste contas.

Quartinho encantado

O modestíssimo quartinho encantado se frustrava com suas desoladas quatro paredes, uma claraboia, um teto de gesso...

Sem possuir nenhum dos mistérios das enormes mansões do século XIX, ele só tinha um pouco de poeira, um aluguel alto e má iluminação para espantar seus hóspedes.

E ficava muito chateado quando o abandonavam, não por causa dos fantasmas horríveis que possuía, mas porque era confundido com qualquer outro quarto com pintura barata, daqueles que, quando são corroídos pela umidade, deixam manchas escuras de mofo, como vestígios coagulados de sangue.

Caveirinhas

Para sentir um pouco de calor, neste buraco esquecido onde nem mesmo o vento passa, esfregamos as tíbias, as falanges e os tarsos.

Juntamos as mandíbulas até morder o que resta dos dentes. Grudamos as costelas uma na outra e executamos um maravilhoso e antigo vaivém de quadris.

De nossos esqueletos apagados se faz a luz e, por breves momentos, amado meu, compartilhamos sob a terra um dia luminoso de verão.

Por que não escovo o cabelo

Quando finalmente escovo o cabelo, é comum que dentre os fios saiam voando mariposas jovens que ficam sem casa; uma ideia solta também cai — a coitada bate no chão e se espalha — e, além disso, alguma embarcação distante se impacta contra as rochas enquanto seus robustos marinheiros se afogam entre ondas cacheadas e escuras, densas como cabelos... E pedem piedade, piedade ao vendaval que os sacode, sem receber qualquer tipo de clemência.

Nana Rodríguez Romero

Colômbia, 1956

Conceito de identidade e infinito

Já alta madrugada, rodeado de tratados sobre astronomia, física quântica e topologia, com as mãos na testa, espantado com a curvatura e a infinitude do espaço, com os milhões de sóis e galáxias que povoam o Universo; os buracos negros, a antimatéria, o tempo, ele levantou os braços aterrorizado e gritou para sua companheira:

— Eloísa, Eloísa, não somos nada! Não somos nada!

Ela, entre a vigília e o sono, respondeu:

— Claro, se você sempre me rejeitou!

E deu-lhe as costas para continuar dormindo.

Xadrez

Diz-se que o jogo de xadrez era originalmente uma técnica de adivinhação que interpretava o resultado da batalha entre as forças eternas de ying e yang.

Em Praga, tendo a umidade de um porão como testemunha, um homem de olhos tristes o vislumbrou como um castelo habitado por reis, damas, cavalos e bispos invisíveis, custodiado por peões sonâmbulos e torres que não dormem. Em Buenos Aires, com fervor, um homem com olhos que fitavam o infinito poetizou que Deus move o jogador e este, a peça... Agora eu, solitária, no silêncio de uma cidade submersa, sobre minha quadrícula de luzes e sombras, vejo como o cavalo traça um L movimentado por minha mão e relincha como um sinal da escrita de Deus, desejoso de que algum dia essa partida secreta possa terminar empatada.

Torres do silêncio I

Entre entardeceres e alvenarias, os habitantes do silêncio transitam em escadas sem fim, como naquele espaço escheriano onde não há possibilidade de encontro. Homens e mulheres em um presente contínuo, sem palavras e sem gestos, banhados pela luz azul de suas orações.

Enquanto minha caneta derrama sua tinta, eles levitam.

Desenhista de sonhos

Heráclito não consegue dormir. Permanece em estado de vigília faz pouco mais de quatro meses, vinte dias e três horas. No início tentou todos os remédios, pílulas, técnicas e terapias recomendadas por sua família e pelo médico, até que, desiludido, acabou se conformando.

Em compensação, ele desenvolveu uma enorme capacidade de desenhar. Não há um único centímetro de sua casa que não seja marcado por seus esboços extraordinários. Ali se contam histórias dos sonhos que noite após noite perturbam ou fazem sua esposa e seus filhos felizes, incluindo as caças vertiginosas de Valentín, o gato que dorme a maior parte do tempo.

No entanto, esse exercício tornou-se conflitivo de alguns dias para cá, porque noite após noite, os desejos da esposa se tornaram uma sucessão insuportável de imagens eróticas com outros homens, seus filhos escrevem cartas cheias de reclamações que produzem enorme vergonha e dor, e mesmo o gato não se esfrega mais contra suas pernas, mas se lança com violência para morder seu pescoço.

A família acredita que ele enlouqueceu com a insônia: ninguém quer aceitar a evidência gráfica de seus sonhos ocultos.

Pós-modernos

Nós gostamos de rupturas. Nossa relação cumpriu todos os princípios do conceito de rizoma. No dia em que nos vimos no museu, houve de imediato uma conexão entre nós, e quando digo nós, também me refiro a Aída, a curadora; a Lourdes, a empresária; a Gustavo, o das performances; e a Horacio, o dos tintos: dessa forma, também abarcamos a heterogeneidade.

Com o desenvolvimento da relação, crescemos como os bulbos do jardim, viajamos pelo mundo e nos tornamos multiplicidade: temos filhos entrecruzados, somos prolíficos, ampliamos nossos territórios.

Depois de um tempo e devido a problemas de comunicação, você e eu nos separamos. Foi uma ruptura assignificante, pois com minha linha de fuga me uni a Horacio, a quem já estava ligada, sua fuga foi com Aída e depois com Lourdes, embora confesse que também com Lourdes conectamos nossas fugas.

Somos um mapa de paixões, ideias e incertezas.

Alberto Sánchez Argüello

Nicarágua, 1976

Os inconvenientes de ser um narrador testemunha

Como eu gostaria de descrever para você uma viagem através de uma antiga rota serpentina que leva a um determinado castelo, na junção entre a Transilvânia, a Moldávia e Bucovina, sob a sombra gelada dos Cárpatos, lar dos filhos da noite. Eu pagaria para lhe contar sobre a vista preciosa de uma estrada no Colorado, que avança para noroeste até chegar a alguns pinheiros gravemente aferrados à rocha, que se abrem para dar lugar a um amplo retângulo de grama verde no meio do qual, dominando o panorama, fica um hotel com cento e dez quartos, um jardim de arbustos em forma de animais e um quarto que aguarda pacientemente a chegada de uma criança. Eu morreria com prazer para contar-lhe sobre as naves de combate em chamas no cinturão de Órion ou os relâmpagos brilhando no escuro perto do portão de Tannhäuser.

No entanto não posso. Minha rotina de alimentar os cães e limpar a casa não tem nenhum interesse. É melhor procurar um narrador onisciente, daqueles que revelam a escuridão que habita no coração de algum personagem sádico e complexo.

É hora de servir os croquetes.

Terrores noturnos

Abra os olhos. Deixe que se acostumem com a escuridão. Aqueles pontos vermelhos flutuando à sua frente são imperfeições naturais do humor vítreo, não demônios dançarinos. O som dos galhos farfalhando no quintal não é produzido por macacos carnívoros: são os ventos alísios tropicais. A porta que range nos fundos não é empurrada por um ser macilento com olhos de prata: simplesmente não está bem fechada.

Então saia daí e deixe em paz a criança adormecida, pois você vive debaixo da cama, junto com os outros monstros.

As bíblias do multiverso

Há uma em que Deus criou a girafa à sua imagem e semelhança; aquela em que a arca de Naamah só resgatou as mulheres no dilúvio universal; outra em que os vikings foram o povo escolhido; e, claro, uma que descreve no livro do Apocalipse a realidade exata que você está vivendo.

Descasar-se

Recolheu em cantos, banheiros e corredores as lágrimas que havia chorado por sua morte. Tirou-o do caixão e sacudiu a naftalina de seu terno. Pegou-o pela mão para lhe restituir trinta anos de rotinas e tédio. Devolveu-lhe as frases ferinas e os atos humilhantes em troca de todos os cuidados e refeições que lhe preparara com capricho. Pegou os vestidos e presentes dos aniversários e entregou-os a ele junto com as rosas murchas no jardim. Removeu das paredes as fotos e os arranjos primorosos de uma vida dedicada ao lar. Limpou as cicatrizes dos golpes e vomitou a amargura de incontáveis noites de espera quando ele saía para farrear com outras mulheres. Só restou arrastá-lo para a igreja, convidar todos os amigos e familiares de novo e, diante da pergunta do padre, responder alto e bom som: NÃO ACEITO!

A virgem

Uma virgem deve ser solidária, temente a Deus. Vejam só Chimalma, a abnegada mãe de Quetzalcoatl, ou Semíramis, que vingou o assassinato de Nimrod gerando sozinha Tammuz, assim como Ísis vingou Osíris ao gerar Hórus. E, claro, Maria e seu dócil esposo, José.

Mas veja só essa Mariela, moça de bairro, empregada de uma empresa maquiladora, negando a entrada ao anjo da segunda Anunciação, denunciando Deus nos tribunais por assédio sexual. Um escândalo televisionado e uma vergonha nacional para nós, as crentes. Agora o Cristo nascerá em quem sabe qual país de araque e perderemos a glória de sermos registrados como a nova casa do Senhor.

Tudo por uma virgem egoísta, ateia e feminista.

Rolando Sánchez Mejías

Cuba, 1959

Musiquinha

Para Olmo havia apenas duas possibilidades. Ser um cabeça-oca ou um cabeça "musicalizada". Dizia:

— As mulheres amam os tolos e os músicos. Minha primeira esposa me deixou por um músico. Ela me disse: "Vou deixá-lo porque você é um cabecinha-oca." Não sabia o que estava dizendo. Na verdade, sou um cabecinha "musicalizado". Em minha cabecinha musicalizada, o mundo soa de forma peculiar. Nada ribombante. Nada na altura do trombone. Isto sim: notas soltas. Minha mãe me dizia: gostaria de saber o que você está pensando. Teria sido melhor perguntar: gostaria de saber o que você está dançando. Uma vez me disse: gostaria de saber o que você está escrevendo. Eu disse: Musiquinha. E acho que ela me entendeu.

Posições radicais

Olmo explica:

— Hemingway escrevia de pé. Daí sua economia de estilo. Proust, *au contraire*, escrevia deitado, daí seu estilo lento, memorioso e eloquente. Nietzsche ficava exasperado passeando pela floresta. Escrevia como se os pássaros lhe mordessem o pescoço. Quase todos os escritores, como eu, escrevem ou escreveram sentados. Daí sua mediocridade. Na literatura, como em todas as coisas, é preciso adotar posições radicais.

Sol

Para alcançar as palavras, Olmo calça suas botas de sete léguas. Ele regressa exausto, às vezes sem palavras. Ou cava buracos para se esconder da enxurrada de palavras que lhe cai em cima.

Ele não se preocupa com a palavra alfinete ou a palavra estilete ou a palavra faca. Ele diz que se cravam sem problemas na realidade. Com a palavra concha ele se acaba de rir, inflando como um balão. Cruza as pernas e põe os óculos diante de palavras como psicanálise ou amor, por suas formas. Ele brinca como uma criança entre palavras como estrume, cambalacho e cacareco. Com a simples menção da palavra utopia, sua vida se desenrola como um tapete mágico ou, mais precisamente, como um acordeão desafinado. Ele garante que a palavra móvel está em plena decadência. Móvel: do latim *mobĭlis*, derivado de *movere*, artefato transportável e geralmente feito de madeira que há em uma casa (poltronas, baús e estantes). Se um vizinho morre, pergunta com humildade: "Eles já levaram o móvel?"

Uma vez, abriu a *National Geographic*, topou com a palavra percevejo e fugiu aterrorizado. Uma vez, abriu o Dicionário da Língua e se deparou com a palavra jujuba (fruta pequena, pouco maior que uma azeitona) e comeu-a. Uma vez, abriu a janela e viu a palavra SOL brilhando lá no alto. Ele pensou que isso não era ruim. Só tinha que ser pintada de amarelo. E pendurá-la em um fio, como os artistas conceituais fazem em tempos difíceis.

Périplos

Olmo vai para Feldafing. Em Feldafing ele sobe no trem errado e, em vez de ir para Erding, como era sua ideia, vai para Tutzing. No caminho, ocorre-lhe de visitar a estação Hackerbrücke. Ele gosta da palavra Hackerbrücke. Mas tem medo dela. Diz: "Hackerbrücke: palavra que quebra seus dentes." Gosta também da palavra Mühltal, outra estação. "Palavra que parece uma vaca." Ele finalmente adormece no trem. É tarde demais para ir a Erding. Mas pensa que um dia ele vai a Erding. E a Gauting. E talvez a Eching. E adormece de novo sonhando com a palavra Pasing.

Levitações

Uma vez, Olmo teve de ganhar a vida levitando. As coisas não estavam indo bem para ele, e Olmo pôs um tapete no parque da esquina e à tarde ele levitava. Ele também pintava quadrinhos de tinta a óleo e os vendia, mas terminava o dia levitando porque os quadrinhos não eram vendidos. Isso não durou. "Não posso sustentar nenhuma ideia por muito tempo", lamenta Olmo. Outros dizem que simplesmente engordou. Que engordou e que tinha de se dedicar à escrita. Outros dizem que nunca levitou. E que agora faz como se escrevesse.

Ana María Shua

Argentina, 1951

Os duelistas

Os duelistas, distraídos com pensamentos angustiados, não ouvem o grito de pare depois dos doze passos regulamentares e continuam avançando indefinidamente. O duelo foi postergado, mas não suspenso. Embora finjam não se reconhecer quando se postam, sem testemunhas, nos antípodas, a presença dos padrinhos os forçará a lavar sua vergonha quando voltarem a se encontrar no campo de honra. Vitualhas são trazidas, tendas são instaladas.

Na cadeira de rodas

Tia Petra finge ser paralítica para viver em uma cadeira de rodas, coberta com uma manta escocesa que esconde seus pés de cabra, seu rabo de peixe, sua metade serpente. Nós, seus sobrinhos, puxamos sua manta enquanto ela dormia e vimos as duas pernas de criança, pequenas e finas, que ela sempre põe para dormir.

Espectros

Se os fantasmas se escondem à sua passagem com tremores de lençol, se os esqueletos se embrenham de volta em suas próprias sepulturas, não se gabe, amigo. Nunca se gabe de assustar os espectros. As expressões de terror com que eles se afastam de seu caminho não passam de simulacros com os quais pretendem fazer com que você acredite que ainda está vivo.

O menino teimoso

Em uma seção de sua obra dedicada às lendas infantis, os irmãos Grimm mencionam um conto folclórico alemão que a sensibilidade da época considerava particularmente adequado para crianças. Um menino teimoso foi punido pelo Senhor com doença e morte. Mas nem assim ele conseguiu se emendar. Seu bracinho pálido, com a mão como uma flor aberta, insistia em espiar para fora da tumba. Só quando sua mãe lhe deu uma boa surra com uma vara de avelãzeira é que o bracinho se retirou outra vez para baixo da terra, e foi a prova de que o menino tinha alcançado a paz.

Aqueles de nós que passamos por esse cemitério sabemos, no entanto, que ele continua a espiar quando acha que ninguém o vê. Agora é o braço robusto e peludo de um homem adulto, com os dedos rachados e as unhas sujas de terra pelo trabalho de abrir passagem para baixo e para cima. Às vezes, faz gestos obscenos, curiosamente modernos, que os filólogos consideram direcionados aos irmãos Grimm.

Sua viúva e sua voz

Do encanamento vinha um barulho forte e triste que ela pensava ser a voz de seu marido morto. Todos os canos fazem barulho, seus amigos argumentavam. Em todos os canos seu espírito se manifesta, ela dizia. Todos os canos já faziam barulho quando ele ainda estava entre nós, seus amigos argumentavam. Mas só agora eles me falam de amor, ela dizia.

Ricardo Sumalavia

Peru, 1968

Moedas

A mulher procura algumas moedas nos bolsos das calças. Ela não as encontra, mas insiste na busca pois tem certeza de que esta manhã colocou algumas naquele pequeno bolso feito precisamente para esses pedaços de metal. É assim que ela pensa: "em pedaços de metal". Com os dedos, ela pressiona dentro dos bolsos e tenta descobrir buracos que comprovariam o evidente: "As moedas caíram por estes buracos." O problema é que se ela confirmar que não existem tais buracos, não encontraria uma razão válida para tal perda de moedas. As calças eram daquelas extremamente apertadas no corpo. Não havia jeito de as moedas caírem livremente, nem que uma terceira mão, não importa quão profissional fosse o ladrão, pudesse extraí-las. As explicações lógicas se esgotaram. "Não", diz a si mesma. Ainda lhe resta a alternativa de assumir um vazio em sua memória. Na verdade, lhe vem à mente "*un trou de mémoire*", uma frase comum em francês. "Um buraco na memória." As moedas se perderam, caíram naquele buraco da memória. Esse raciocínio a tranquiliza. Muda de planos. Decide ficar em casa. Vai para o quarto, tira as calças, e, de repente, centenas de moedas caem de seus bolsos.

Toques

Lembro-me daquela porta. Era a primeira do corredor, à direita. Estava fechada. Naquela época eu devia ter uns seis anos. Obviamente, pelos olhos dessa memória, a porta era colossal. Meus dedos eram pequenos e muito fracos para girar a maçaneta. Ou era uma bola branca brilhante? Vejo os nós dos meus dedos ainda ossudos dando duas, três batidas fracas na porta. Do outro lado, alguém também deu dois, três toques, igualmente fracos. Do outro lado da porta, alguém também se lembra.

Piranhas

Dois homens o seguram pelos braços enquanto um terceiro e um quarto tiram seu relógio e anéis e um quinto se concentra em esvaziar seus bolsos. Também um sexto e um sétimo o pegam pelas pernas para facilitar que um oitavo e um nono removam seus sapatos e meias. O décimo e o décimo primeiro conferem sua carteira e determinam o que é de valor ou não. O décimo segundo não está muito atrás. Com uma imagem entre criança e monstro, ele se dedica a picar seu corpo com uma agulha, para distrair a dor que podia sentir enquanto o décimo terceiro abre a boca para que o décimo quarto possa, com o auxílio de pinças, extrair seus dentes de ouro. No entanto, um décimo quinto lamenta que a vítima não fosse um daqueles homens modernos que usam brincos caros. De boa vontade teria arrancado suas orelhas. Só lhe resta esperar sua vez, junto com outros vinte, para completar o assalto.

Decisões

Se você decidir descer pelas escadas, deve estar prevenida de que ele estará lá. São só três andares. Não são muitos, mas o suficiente para o encontro. É verdade que você poderia avistá-lo lá de cima. O uniforme que ele costuma usar é espantoso e não há dúvida de que você o reconheceria assim que o visse. E há, além disso, aquela arma que leva ao cinto. Ele poderia tê-la enfiado dentro da capa de couro preto, que foi para isso que lhe deram em seu destacamento, mas você sabe que ele prefere que todos a vejam. Inclusive, é possível afirmar que ele acredita que a arma combina com o bigode que ostenta há algumas semanas.

Bem, se você tomar essa decisão, desça e passe na frente dele. Ele com certeza não vai dizer nada, talvez não dessa vez. Sabemos pouco de seu ofício, ou de sua natureza.

Uma manhã de janeiro...

Numa manhã de janeiro de 1992, um redemoinho sob as águas sugava Toño, o jovem irmão de Carmen, que havia retomado os passeios da família até a praia depois de vários meses de esconderijo por ter abandonado o serviço militar quando um grupo de senderistas infiltrados o encapuzaram nos chuveiros e lhe bateram com força para que ele revelasse informações sobre sua função nos escritórios da base à qual chegou por ser o único que sabia ler e escrever e tinha terminado o ensino médio pouco antes de ser recrutado em uma incursão a uma festa juvenil onde o que ele fazia era apenas dançar e girar como se estivesse sendo engolido por um redemoinho.

Aida Elizabeth Toledo

Guatemala, 1952

Armadura

Ela partiu fugindo de algo que já conhecia. Partiu daqui com a filhinha. Ela a levou para mudar sua vida. Ela a levou para longe para afastá-la do mal. Lá, a vida transformou as duas. Aprenderam a ser outras no mesmo corpo que habitavam. Conheceram e aprenderam outras línguas sem deixar de falar a própria. Iam e vinham.

Sua vida era itinerante. Nada estava em um só lugar. Tudo mudava, se transformava. Os afetos mudavam. Os pequenos e grandes infortúnios variavam. As recordações mudavam. A vida se converteu em passos migratórios. Vistos de três anos e muito desassossego.

Quantos Natais e feriados passaram em casas desconhecidas? Sob penetrantes céus azuis, celestes, cinzentos ou escuros. Sempre, sempre alheios. Alguns cheios de estrelas e de sons do trem às quatro da manhã ainda soando na memória.

Hoje, olhando de perto para este céu e sentindo o vento suave dos trópicos, pergunta-se: "Onde, em que lugar botamos a última armadura? Tudo o que absorvemos como nosso, para poder hoje sobreviver dessa maneira de ser de outro modo."

Medos

Ela tinha dois medos. Um era morrer e deixar a filha órfã. Deixar este mundo fazia com que ela entrasse em pânico só de imaginar, por isso gostava de andar por aí vagando pelo mundo. O outro medo era não poder ser feliz. Ia pela vida procurando uma maneira de reconhecer a felicidade e enredá-la. Queria acariciar suas bordas, ver suas cintilações, sentir seu aroma. Quando o conheceu, adolescente, e roçou seus lábios com suavidade pela primeira vez, pensou vislumbrá-la.

Os medos no início eram apenas dois, mas se multiplicaram. Nunca encontrou o amor que lhes haviam prometido nos contos de fadas. Ainda tem medo de morrer e deixar a filha. Tem medo de não estar na vida daqueles que precisam dela.

Os homens que amou obviamente não precisam dela, já que não estão em sua vida. De qualquer forma, uma só mulher não pode tê-los todos, juntos como bonecos na cama, para brincar de casinha. Todo esse amor e essa felicidade parecem uma grande miragem.

Do que ela tem certeza é que os medos proliferaram e mudaram tanto que ela os vê pular em cima da sua cama, como macacos alucinados. Por outro lado, andam soltos, escaparam do ninho onde nascem. Voam sobre sua cabeça e levam-na para a costa de um lugar profundo e úmido, que parece um enorme buraco.

Noite e neblina

Eram onze mulheres espanholas (lembrei-me inevitavelmente de María Zambrano). Eram onze mulheres em tempos de guerra. Eram onze mulheres nos campos de concentração de Ravensbrück. Chamavam-se Olvido, Elisa, Neus, Braulia, Alfonsina, Elisa, Constanza, Conchita, Violeta, Lola e Mercedes. Esses eram seus nomes de batismo.

Elas tinham famílias que as esperavam. Vidas, digamos, promissoras. Eram onze moças que tinham futuro. Em Ravensbrück, eram apenas onze vidas com um futuro incerto. Às vezes elas se lembravam do passado, o que tinham perdido e o amor que nunca foi. Noite e neblina era seu status no campo de concentração.

Noite e neblina era também seu passe de entrada. Noite e neblina era sua jornada para o outro mundo. Eram, literalmente, onze maneiras de dizer adeus como única forma de existência.

Eram onze pessoas em um mundo feito todo contra elas.

Viver no Sul

Não era um jardim de rosas. Viver no Sul também não era um jardim de lótus. Viver no Sul era tudo, menos viver. Não era nada mais, nada menos do que sobreviver ao absurdo contínuo por causa do sotaque ou da aparência. Sobreviver às desigualdades de gênero no Sul tem muitas histórias inesquecíveis, algumas até terríveis.

A solidão da vida no Sul era única. Não havia família por perto, nem amigos constantes ou permanentes, e, claro, ela era uma mulher sem amores possíveis. Era estar detida em um espaço construído contra ela, onde tinha ido parar por engano. Interpretava aquilo como destino ou punição.

Viver no Sul a forçou a construir uma identidade de fronteira. Ela estava sempre presa no espaço da "mestiça". Ali debatia seu destino. Resistia-se a não ser. Não desistia. Todos os dias dos nove anos, observava por seu *kumuk** imaginário o entorno de sua vida, e pensava que um dia tudo mudaria. Acreditava firmemente que ninguém tinha o direito de rejeitá-la. Pensava que ninguém tinha o direito de fazê-la se sentir "marcada" sem ser assim. Que ninguém podia – ou devia – imaginá-la andando nas caravanas para as fronteiras.

Contudo, um belo dia seu semáforo de identidades se acelerou e acabou voltando para este lugar de vulcões, entardeceres quentes e violências extremas, onde agora, definitivamente, definha.

Meu/seu nome

Eu não queria meu nome para ela. Queria outro nome. Uma maneira de chamá-la que lhe caísse bem. Que a afastasse do destino de ser eu. Eu não queria filhos. Não queria filhas. Mas, num dia muito intenso, eu a tive. E não queria que ela carregasse meu nome como uma chaga.

---

* *Kumuk* é um espaço físico que representa o ponto onde as quatro grandes energias que regem o universo maia convergem.

Meu nome estava tatuado para alguém como eu. Um ser impulsivo e pulsional. Amante de todos os fracassos. Fã de casos perdidos. Incapaz de analisar o que lhe convém. Sempre procurando pelos buracos. Não.

Eu com certeza não queria que ela tivesse meu nome. Que a batizassem com meu nome. Ela ficaria marcada para sempre com a sina da mãe. Eu a queria diferente. Tentei fazer que a vida dela fosse diferente. Desenhei outra maneira de ser. Inventei histórias. Comecei a viajar levando-a comigo. Afastando-a do destino que o nome lhe dava.

Fomos para longe por muitos anos. Ela teve outras experiências. Observou outras vidas. Falou outras línguas. Outras janelas foram seu horizonte. No entanto voltamos à origem um dia sem nem saber como. Deve ser a coisa do umbigo, digo a mim mesma. Foi realmente culpa minha. Sim. Aqui, prestes a saltar mais uma vez, eu queria que a vida dela fosse diferente. Juro. Se houver uma vida melhor. Eu desejei isso. Afastei-a o mais longe que pude de ser eu mesma.

Luisa Valenzuela

Argentina, 1938

Início

No silêncio absoluto, a voz estremecedora trovejou:

— Faça-se a luz!

As partículas de escuridão, flutuando no espaço infinito, perceberam uma vibração e olharam umas para as outras, abaladas. Ainda não existia a palavra luz, nem a palavra faça-se, nem mesmo o conceito palavra. E a noite perdurou, sem se comover.

— FAÇA-SE A LUZ! — voltou a ordenar a voz, peremptória.

Sem resultado algum.

Então, na opacidade reinante, Aquele das palavras recém-nascidas teve de concentrar sua essência até produzir algo como um ponto saliente que, ao ser pressionado, fez clique. E a claridade se espalhou como uma cintilação. E foi possível ouvir a queixa desse Alguém:

— Caramba! Tenho de fazer tudo sozinho!

Série 201
Explicação racional de um fato insólito

Em uma viagem de trabalho pela Itália, na terceira reincidência pavorosa entendi que não era uma questão de mero acaso. E pude começar a desvendar o mistério.

Devido às rígidas restrições de construção e ao fluxo constante de turistas, nos velhos hotéis da Europa uma solução ultrassecreta foi posta em prática. Em cada um deles há um quarto, o 201, que poderia ser chamado de multiuso, ou melhor, mil-folhas:

O turista desavisado chega, sozinho ou com seu par, registra-se na recepção como de costume e lá eles lhe dão a chave magnética em um pequeno envelope que diz "201".

Segundo andar, dizem a ele. E o turista sobe de elevador, ou a pé, pois dá no mesmo, mas no ato de enfiar o cartão na porta o magnetismo do sistema ultrassecreto transporta-o — sem que se note em absoluto — deste mundo habitual de três dimensões conhecidas para outro de dimensões X.

Será um número de dimensões distinto em cada caso. E o turista desavisado entra naquele quarto superlotado e está sozinho ou acompanhado por quem viaja com ele, e tudo está em ordem, e quando ele pede algo do serviço de quarto eles batem no que ele acha que é sua porta e entregam o que ele pediu. Nunca uma reclamação, nunca uma falha no sistema. E de manhã no refeitório, durante o café da manhã, os muitos hóspedes do 201 se cumprimentam apenas com um aceno de cabeça, por cortesia, sem saber que todos dormiram na mesma cama.

Palavras sombrias

Abelardo Arsaín, astuto advogado argentino, assessor afiado, atraente, ágil acrobata, apurado. Atento. Amável. Amigo assíduo, afetuoso, assombroso. Ambicioso. Amante ardente, abrasado. Autoritário. Abraços asfixiantes. Assaltos amorosos árduos, aspirantes, ansiosos, assustados. Aluvião apagada, artefato abrandado, apoucado. Agravado. Altamente agressivo, apocalíptico, Abelardo Arsaín. Arma ao alcance, arremete arteiro, ataca arrojado e assassina. Apanhado. Absolvido: autodefesa. Ai!

Princípio da espécie

Aproximei-me da planta perene de tronco lenhoso e elevado que se ramifica a maior ou menor altura do chão e estirei a parte do meu corpo de bípede implume que vai do pulso até a ponta dos dedos para pegar o órgão comestível da planta que contém as sementes e nasce do ovário da flor.

O réptil geralmente de grande estatura me encorajou em minha difícil ação, que é realizada com êxito. Então desafiei o macho da espécie dos mamíferos de duas mãos da ordem dos primatas dotados de razão e de linguagem articulada a comer do órgão da planta. Ele aceitou minha proposta com certo sentimento que se experimenta quando algo é agradável.

Poucas coisas têm nome, por ora. Isso que fizemos, acho que vão chamar de pecado. Se nos deixassem escolher, saberíamos como chamá-lo de mil maneiras mais encantadoras.

Primeira versão

Sua casta é vermelha, ela pertence ao interior: é esposa do lorde. Ele é um guarda-florestal, sua casta é azul, pertence ao exterior.

Eles se apaixonam.

Sua filha se chamará Violeta, não pertencerá a nenhuma zona, será livre. Ela contará a história.

Ana Lydia Vega

Porto Rico, 1946

A convidada

Éramos vizinhos de andar, parede com parede, em um prédio sem elevador. Simpatizamos desde o início — ele viúvo, eu divorciado — e às vezes conversávamos nas escadas. Ele sempre me contava alguma piada boba e eu dava risada em respeito aos seus cabelos brancos.

Por isso ri quando ele me confessou que bebia três xícaras de chá de ginseng diariamente para melhorar o desempenho sexual. Ele olhou para mim sem piscar e começou a saltar de dois em dois os degraus que faltavam. No dia seguinte, eu o vi chegar com um saco cheio de chocolates. Isso acende o fogo nas mulheres, disse ele com um olhar cúmplice. Eu não disse nada para não desanimá-lo.

Tudo pararia por aí se não fosse pelos barulhos que não me deixavam dormir naquela noite. Primeiro pensei que estava acontecendo alguma coisa com o velho e quase liguei para a emergência. Então percebi: não era ele quem estava fazendo barulho. Os gemidos aumentavam em volume até que explodiam em um grito agudo e se apagavam com um suspiro intenso. Depois de um tempo, o escarcéu começava de novo com a mesma partitura de soprano sufocada. Sorte que foram apenas três xícaras de ginseng. Nem colocando fones de ouvido eu conseguiria pregar o olho.

Já de madrugada, fui acordado com o barulho dos bombeiros arrombando a porta. Eles o encontraram deitado em meio aos chocolates, com seu retrato de casamento no peito e um dedo no botão do gravador.

Autobiografia da intrusa

Ficou assustada, e com razão, quando me descobriu no espelho. Tinha nascido prematuramente da noite para o dia. Aos vinte e cinco anos, supõe-se que se deve andar pelo mundo com um coração leve e um rosto liso. Vamos lá, também não era para tanto. Apenas um risco meio apagado entre a base do nariz e a borda do lábio. Como foi difícil para mim me acomodar à vontade nessas estreitezas da pele.

Vaidosa como é, teve dificuldade em me aceitar. Começou a procurar uma lógica em minha presença: um arranhão acidental, dobras na fronha, assaduras por causa de narizes mal assoados... Só para constar: roía as unhas, nunca dormia de bruços e não estava resfriada. Sua última hipótese foi a mais ridícula: uma penugem precursora de um bigode antiestético. Nunca antes imaginei ser submetida a comparações tão humilhantes.

Mal tinha me recuperado daquela bofetada no ego, senti uma coceirinha embaixo do nariz. Colada ao telefone, minha senhoria esticava e encolhia os lábios como se estivesse desesperada. Digerira sua nova realidade facial e implorava por uma consulta urgente à secretária de um cirurgião plástico.

Admito abertamente: temo por minha segurança. Uma injeçãozinha de botox, e já era. Um bisturi, e adeus mundo cruel. Vou ter de continuar mudando de lugar. Essa testa tão lisa promete.

Por meio de Deus

Onipresente e onisciente, por fim, o Criador se ocupava espionando as conversas de suas criaturas. Entre tantas conversas frívolas, as invocações de seu Santo Nome contraindicadas pelo Segundo Mandamento se destacavam.

Deus te cuide, disse sua avó ao policial. Deus te perdoe, disse a vítima a quem a matou.

Deus castiga sem pau e sem pedra, disse a mãe com a mão levantada. A garota disse: Graças a Deus.

Até amanhã, se Deus quiser, disse o homem doente. Que Deus o proteja, disse o médico.

Deus ajuda quem cedo madruga, disse o padre em sua homilia. Deus dá pão aos que não têm dentes, disse o mendigo em seu beco.

Deus te pague, disse a devedora. Deus te ouça, disse o credor.

E nesse tédio o Ser Supremo passava a eternidade, até que uma declaração sem precedentes o abalou. Sou inocente, Deus é minha testemunha, disse o ministro acusado de corrupção. O juiz suspirava. O promotor sorria. O júri sussurrava sem disfarçar. Um vendaval gélido passou pelo tribunal. E Deus disse lá do alto: Deus me livre!

Delitos postais

O novo carteiro do bairro tinha uma mania: ler as cartas antes de entregá-las. Embora as abrisse aleatoriamente, preferia as pessoais.

Muitas vinham em envelopes autoadesivos que eram bastante fáceis de descolar. Os colados exigiam uma sutileza maior. Tinham de ser submetidos ao banho de vapor e abertos com um abridor de cartas pontiagudo. Depois da leitura obrigatória, ele os selava com uma cola transparente e eliminava qualquer ruga delatora com um dicionário.

Tão absorto ficava o homem em seu hobby que muitas vezes passava a noite lendo e esquecia o horário do trabalho. E acabava com uma pressa dos diabos e cometia erros garrafais.

Ninguém suspeitou de nada até que alguns vizinhos começaram a receber, em envelopes com seu nome, a correspondência de outros destinatários. O cozinheiro Martínez recebeu uma carta de demissão. Para a costureira Ortiz, uma cobrança. Ao enfermeiro Colón, uma de pêsames. E à professora Rodríguez, a de um marido ciumento.

Todos eles foram tirar satisfações com o carteiro, que alegou problemas técnicos com a classificação automatizada. O cozinheiro precisou ser contido para que não partisse para cima dele. Finalmente, eles decidiram entrar com uma ação coletiva contra os correios. A professora votou a favor, mas pediu um tempo. Havia pensado em algo mais sofisticado.

Aquele envelope rosa, perfumado e endereçado à srta. Rodríguez, parecia tão irresistível que o carteiro, em seu entusiasmo, rasgou a aba. Quatro assinaturas e uma única mensagem: Não se preocupe, seu desgraçado. Escreveremos para você na cadeia.

A selfie

Tanatoesteticista graduada: era assim que seu cartão de visitas a identificava. Mas o trabalho que ela fazia na funerária era muito mais do que um emprego de subsistência. Divertia-se muito aplicando maquiagem corretiva nas manchas-roxas das peles, lavando e penteando os cabelos ressecados, lixando e pintando as unhas descamadas das mãos e dos pés. Então vestia os corpos a seu gosto com roupas e sapatos do Exército de Salvação. Às vezes ficavam tão parecidos com modelos de passarela que ela tirava fotos deles e as exibia em sua página no Facebook.

Isso criou problemas com a administração. Os parentes denunciavam violações ao direito à privacidade, e ela teve de deixar de se promover e entrar na clandestinidade. Em momentos impossíveis da noite, quando o embalsamador saía, passando entre os clientes para procurar a dose salvadora de cafeína, ela aproveitava para tirar fotos com seus consentidos.

Foi assim que ela tirou a selfie que lhe custou a demissão. Fechou a porta da sala e caminhou até a mesa de operações. Colou o rosto ao do falecido e apertou apressadamente o botão de disparo. O que viu no celular lhe provocou um grito que fez o segurança correr até ela: sua própria face, pálida e cheia de olheiras, ao lado da do morto, sorridente e vistoso.

Disseram-me que agora é maquiadora artística de casamentos e aniversários.

Laura Elisa Vizcaíno

México, 1984

Abismo

O lápis descansa ao lado da folha branca e ambos se olham com compaixão. O tempo passa e os olhos ficam exaustos, até que se fecham. Os dois permanecem na mesa como corpos imóveis. O autor, de cima, observa-os aterrorizado.

Problemas com o estame

A donzela Aracné abriu uma Escola de Tricô e Bordado. Entre milhões de alunas, apenas uma não conseguiu se formar. Acreditavam que ela era preguiçosa e irresponsável, incapaz de completar a tarefa. Suas colegas zombavam dela e, como não lhe dirigiam a palavra, ninguém lhe perguntou por que ela desfazia o trabalho todas as noites.

Doces Julieta

Com ambas as mãos, parta ao meio um pão recém-assado como se separasse dois amantes que resistem, e encontre um refúgio no aroma diante do desastre. Recomenda-se manter as janelas fechadas e o gás aberto.

Cegueira degenerativa

Muito perto do ocaso — sem abençoar sua vida —, o avô pegou uma pequena nuvem e guardou-a nos próprios olhos para não perdê-la de vista. Foi assim que ele começou a confundir palavras, primeiro ao lê-las e depois, como todo bom leitor, na prática: da sesta ele fez uma festa, da dor uma cor e da morte, sua sorte.

Influências

Sonhei que sonhava com um lugar comum, no qual meu outro eu pretendia me revelar a verdade absoluta. De repente Borges me tirou do primeiro sonho, sufocando-me com um travesseiro e gritando algo sobre direitos autorais.

Quando acordei completamente, fui direto a minha biblioteca e queimei todos os livros do invejoso.

José Zelaya

Guatemala, 1952

Instruções para visitar a casa de um cronópio

Os cronópios, por outro lado, esses seres desorganizados e relapsos, deixam as lembranças soltas pela casa...
Julio Cortázar, "Conservação das lembranças"

Os cronópios põem etiquetas fora de casa. Leia-as antes de entrar. Quando eles te convidarem para entrar, não lhes dê a mão, eles vão devolvê-la molhada. Uma vez na sala de estar, não procure um lugar para sentar-se, pois você não vai encontrar por causa da bagunça que seus olhos verão. Enquanto estiver de pé, o cronópio vai convidá-lo a cantar, siga a toada mesmo que não saiba a letra. Uma vez fora de casa, os vizinhos cravarão os olhos em você, mas é normal. Eles sempre suspeitam de todos os que visitam os turbulentos seres verdes.

Anúncio

Procuram-se dois homens, acabaram de escapar do manicômio. A recompensa será dada àqueles que fornecerem informações sobre seu paradeiro. Foram vistos pela última vez no povoado vizinho, dizendo que os moinhos de vento queriam atacá-los.

Ceia de Natal

A menina de chapeuzinho vermelho olhava de esguelha para o lobo, incitando-o ao desejo. O nariz do boneco de madeira crescia toda vez que contava sua história de elefantes. A princesa que vivia na floresta limpava a boca de todos os anões com a toalha de mesa. Cinderela chorava porque o príncipe a abandonou por outra que sabia como fazer as tarefas da casa, enquanto o Pequeno Polegar zombava dela por trás de um copo. Papai Noel, ao ver tudo o que estava acontecendo, decidiu montar no trenó e voltar para casa.

Prisioneiro

Estou aqui há uma semana. Resignei-me a morrer como os demais cadáveres. Vejo de longe os novos inquilinos entrando na casa. Gostaria de dizer a eles que se afastem. Tento gritar, mas é inútil: ninguém poderá me ouvir enquanto eu ainda estiver preso no olho desta boneca.

Assassinato

Ela morreu aqui, bem onde você está lendo. Se você sente algo atrás de si é porque ela está por perto; não se preocupe, em algum momento você vai conhecê-la.

Sobre os autores

Francisca Noguerol Jiménez

Professora de Literatura hispano-americana na Faculdade de Filologia da Universidade de Salamanca. Exerceu a docência em diferentes universidades americanas (Estados Unidos, Colômbia, México, Brasil e Chile) e europeias (França, Itália, Croácia, Hungria e Alemanha). Sua tese de doutorado sobre Augusto Monterroso foi base para seu livro *La trampa en la sonrisa: sátira en la narrativa de Augusto Monterroso.* Além de ter participado como autora e editora em outras dezesseis monografias, é autora de 214 artigos de pesquisa publicados em revistas nacionais e internacionais, nos quais manifesta seu interesse pelos movimentos estéticos mais inovadores, desde as vanguardas históricas até a poesia e a narrativa recentes, os imaginários culturais, as relações entre imagem e literatura e os gêneros híbridos.

Esther Andradi

Em 1975, emigrou da Argentina para o Peru, onde publicou seu primeiro livro sobre a situação das mulheres. Escreve microficção, crônica, poesia, ensaios e romances. É autora dos romances *Tanta vida*, *Sobre vivientes* e *Berlín es un cuento*, e editora da antologia *Vivir en otra lengua: literatura latinoamericana escrita en Europa.* A reportagem literária *Mi Berlín. Crónicas de una ciudad mutante* e *Microcósmicas* (microcontos) são seus títulos mais recentes. Em 1983, estabeleceu-se em Berlim; em 1995, mudou-se para Buenos Aires; e desde 2003, reside entre as duas cidades.

Rafael Ángel Herra

Doutor em Filosofia pela Universidade do Mainz. É autor, entre outros, de *La brevedad del goce*, *Melancolía de la memoria*, *La guerra prodigiosa*, *Viaje al reino de los deseos*, *El ingenio maligno*, *La divina chusma*, *Artefactos*, *Verde bestiario*, *Lo monstruoso y lo bello*, *Autoengaño.* Recebeu o Prêmio Internacional de Poesia Alfonso Gatto 2019 (em Salerno) e o Prêmio Áncora de melhor romance (do jornal *La Nación*, na Costa Rica). Foi traduzido para o italiano, alemão, francês, tcheco, romeno e português. Também é professor na Universidade da Costa Rica e ex-embaixador na Alemanha e na Unesco.

Jorge Ávalos

Escritor e diretor de teatro e cinema, editor da revista *La Zebra*. Como contista, ganhou dois prêmios de literatura na América Central: o Rogelio Sinán do Panamá, por *La ciudad del deseo* (2004), e o Monteforte Toledo da Guatemala, por *El secreto del ángel* (2012). Já sendo vencedor do Prêmio Nacional de Literatura quatro vezes, em 2021 o recebeu pela quinta vez por sua coletânea de microcontos *El espejo equivocado*.

Alberto Barrera Tyszka

É licenciado em Letras pela Universidade Central da Venezuela. Publicou romances, livros de contos, poesias e crônicas jornalísticas. Seu romance *La enfermedad* obteve o Prêmio Herralde (editora Anagrama) em 2006. Em 2015, ganhou o Prêmio Tusquets de romance com *Patria o muerte*. Sua obra foi traduzida para mais de dez idiomas. Trabalhou como roteirista para vários canais e plataformas. Atualmente mora no México.

Pía Barros

Feminista, escritora e professora de oficinas. Cursou a Licenciatura em Castelhano na Universidade de Santiago. Desde 1978, dedica-se a uma grande paixão: ministrar oficinas literárias. Atualmente é diretora da Talleres Ergo Sum e da editora Asterión. Dirige o Projeto Internacional ¡Basta!, contra a violência de gênero. Seus textos estão publicados em numerosas antologias e suas obras foram traduzidas para vários idiomas. Publicou treze livros e obteve inúmeros prêmios. É membro da Sociedade de Escritores do Chile (SECH), da Rede de Escritoras de Microficção (REM) e da Autoras Chilenas (AUCH).

Bibiana Bernal

Poeta, prosista, editora e promotora cultural. Parte de sua poesia foi traduzida para o grego, italiano, inglês, francês, português e romeno. Diretora da Fundação Pundarika e da editora Cuadernos Negros, fundada há treze anos, é autora de dois livros de poesia e várias antologias de contos e microcontos. Seus prêmios incluem o Prêmio de

Poesia Comfenalco, 2003; a Medalha de Mérito Literário Municipal de Calarcá, 2010; e o Prêmio de Poesia Gobernación del Quindío, 2016. Além disso, foi finalista do Prêmio Nacional de Poesia do Ministério da Cultura da Colômbia, em 2017, e Escritora do Ano no Encontro Nacional de Escritores Luis Vidales, 2019.

Raúl Brasca

Escritor e engenheiro químico. Publicou *Las aguas madres*, *Últimos juegos*, *Todo tiempo futuro fue peor*, *Las gemas del falsario*, *Microficción: cuando el silencio toma la palabra*, *Obra reunida* e participou de diversas antologias. Deu aulas e conferências em universidades europeias e americanas. Criou as Jornadas Feriales de Microficción, que são realizadas desde 2009 na Feira do Livro de Buenos Aires. Ganhou, em 2017, o Prêmio Ibero-americano de Microconto Juan José Arreola, o maior do gênero.

Guillermo Bustamante Zamudio

Licenciado em Literatura, mestre em Linguística e doutor em Educação. Cofundador da revista de microcontos *Ekuóreo*. Escreveu os livros de microcontos *Convicciones y otras debilidades mentales*; *Oficios de Noé*; *Disposiciones y virtudes*. Organizou as antologias *Los minicuentos de Ekuóreo*; *Cuento corto afrocolombiano*; *Minicuento vallecaucano*, além de outras dedicadas ao conto colombiano.

Homero Carvalho

Formado em Direito, escritor e poeta, ganhou prêmios por contos, poesias e romances nacionais e internacionais. Traduzida para vários idiomas, sua obra literária foi publicada em outros países; seus poemas, contos e microficções estão incluídos em mais de cinquenta antologias internacionais, além de revistas e suplementos literários por todo o mundo.

Rafael Courtoisie

Escritor, professor universitário, membro da Academia Nacional de Letras do Uruguai, correspondente à Academia Real Espanhola. Recebeu, entre outros, o Prêmio Internacional de Poesia Loewe, o Prêmio

Casa de América de Poesia Americana, o Prêmio Internacional Blas de Otero, o Prêmio Gil de Biedma (Espanha), o Prêmio Internacional Lezama Lima (Cuba), o Prêmio Jaime Sabines e o Prêmio Plural (México). Seu romance mais recente é *El libro de la desobediencia*. Já sua obra mais recente de poesia é *Antología inventada*, que foi traduzida para quatro idiomas.

Lilian Elphick
Formada em Literatura e mestre em Literatura Chilena e Hispano-americana pela Universidade do Chile; diretora de oficinas literárias desde 1990 e editora-geral do site *Brevilla*, dedicado à minificção. Publicou três livros de contos e oito de microcontos. *Bellas de sangre contraria* (publicado no Chile em 2009) ganhou o Prêmio Melhores Obras Literárias Editadas, categoria conto, do Conselho Nacional de Cultura e das Artes de Santiago do Chile, em outubro de 2010.

Lorena Escudero
Doutora em Física e pesquisadora na Universidade de Cambridge, Reino Unido. Publicou os livros de microficção *Negativos*, *Formulario*, *Incisiones* e *Oxímoron*. Participou de mais de vinte antologias internacionais, bem como de revistas especializadas. Ganhou (ou foi selecionada para) prêmios de conto e microficção, tanto em espanhol quanto em inglês, e foi traduzida para o inglês, grego, húngaro e alemão.

Patricia Esteban Erlés
Graduada em Filologia Hispânica e autora de quatro livros de contos: *Manderley en venta*, *Abierto para fantoches*, *Azul ruso* e *Ni aquí ni en ningún otro lugar*, e um volume de microcontos, *Casa de muñecas*. Em 2017, ganhou o Prêmio Dos Passos de romance com *Las madres negras*, que será traduzido para o italiano em 2023. Seus contos foram traduzidos para o francês, búlgaro, italiano e inglês.

Cecilia Eudave
Prosista e ensaísta, é autora de contos, romances e microcontos. Alguns de seus livros são *Registro de imposibles*, *En primera persona*, *Microcolapsos*, *Para viajeros improbables*. Com seu romance *Bestiaria vida*,

ganhou o Prêmio Juan García Ponce. Entre seus trabalhos mais recentes estão *Al final del miedo* e *Il verano de la serpiente*. Foi traduzida para vários idiomas; escreve também histórias infantis e romances juvenis.

Henry Ficher
Codiretor, com Guillermo Bustamante e Harold Kremer, da *Ekuóreo*, revista de microcontos, fundada no início dos anos 1980 e considerada a primeira publicação na América Latina dedicada exclusivamente à literatura breve. Publicou dois livros de contos: *Historias plausibles* e *Fe de erratas*.

Marco Flecha Torres
Comunicador, promotor sociocultural, ator e narrador oral. Desenvolveu seu trabalho artístico no Paraguai e em vários países da América Latina, Portugal, França e Espanha. Além de recompilar histórias de tradição oral, escreve contos e publica artigos no jornal digital *El Otro País*. Escreve também roteiros de rádio e realiza projetos sonoros. Publicou o livro de contos *Chorritos*, além de participar de diversos livros coletivos. É coordenador do grupo La Cháchara, em Sevilha, de onde atualmente realiza seu trabalho.

Miguel Gomes
Publicou, entre outras, as coletâneas de contos *Un fantasma portugués*, *El hijo y la zorra*, *Julieta en su castillo* e *Ante el jurado*, e, como romancista, *Retrato de un caballero* e *Llévame esta noche*. Ganhou o Prêmio Municipal de Narrativa de Caracas e, duas vezes, o primeiro lugar no Concurso de Contos do jornal *El Nacional*. Seus microcontos estão reunidos em *Visión memorable* e *Sermón del fin de los tiempos* (inédito). Mora nos Estados Unidos desde 1989.

Ibeth Guzmán
Prosista, ensaísta, docente e pesquisadora universitária. Doutora em Estudos do Espanhol, Linguística e Literatura. Publicou os livros de microcontos *Tierra de cocodrilos*, *Yerba mala* e *Tiempo de pecar*. Alguns de seus textos foram publicados nas antologias *Meter un gol* e *Short Stop*, ambas de microcontos. Mora em Santo Domingo.

Fernando Iwasaki

Prosista, ensaísta, historiador, promotor cultural e professor universitário. Autor dos romances *Neguijón* e *Libro de mal amor*, e dos livros de contos *España, aparta de mí estos premios, Helarte de amar, Un milagro informal, Inquisiciones peruanas* e *Tres noches de corbata*. Seus contos foram reunidos em várias antologias na Espanha e na América Latina, e seu trabalho foi traduzido para o tcheco, russo, inglês, francês, italiano, romeno e coreano. Seu volume de microcontos *Ajuar funerario* é o grande best-seller do gênero em espanhol, com mais de 60 mil cópias vendidas até o momento.

Enrique Jaramillo Levi

Contista, poeta, ensaísta e professor universitário, além de promotor cultural, pesquisador literário e editor. Seus livros mais recentes são as coletâneas de contos *Hueso duro de roer, Vuelta de tuerca: 100 cuentos, Lo efímero perdurable, Disparates y anomalías, Epifanías circulares, Realidades alternas* e *Dicen las buenas lenguas y otras ficciones pospandémicas*; e o de poesia *Materia prima*. Fundador de importantes prêmios literários no Panamá e do Diploma em Criação Literária da Universidade Tecnológica do Panamá. Vencedor do Concurso Nacional Ricardo Miró 2005 pelos contos de *En un instante y otras eternidades* e, em 2009, do Juegos Florales Hispanoamericanos de Quetzaltenango, Guatemala, com os contos de *Escrito está*. Fundador, em 1984, da revista cultural *Maga* e, em 2013, do Foro/oficina Sagitario Ediciones.

Isabel Mellado

Violinista e escritora hispano-chilena. Seu livro de contos *El perro que comía silencio* teve excelente recepção pelos leitores e a crítica especializada, e já está na terceira edição. O romance *Vibrato* foi publicado em 2018 em Espanha, Colômbia, México e Chile e, sob o título *Titresim: Müzik ve Geri Kalan 99 Kompas*, foi publicado na Turquia em 2018. Suas histórias aparecem em antologias no Chile, Estados Unidos, Espanha, México, Alemanha, Itália e Holanda. Atualmente reside na Espanha e na Alemanha.

José María Merino

Licenciado em Direito. Autor de poesia, romance, conto, microconto e ensaio, além de uma versão em espanhol contemporânea de *Calila e Dimna*. Dentre outros prêmios, ganhou o Nacional de Literatura, o Nacional da Crítica, o Nacional de Literatura Juvenil e outros, por livros como *La orilla oscura*, *El heredero*, *El río del Edén* e *No soy un libro*. Recebeu o Prêmio Nacional de Letras Espanholas pelo conjunto da obra. Seu último livro publicado é *La novela posible*. É membro da Academia Real Espanhola. Atualmente, mora em Madri

Agustín Monsreal

Escritor, contista e poeta. Começou simultaneamente no conto e na poesia, em 1979 publicou *Punto de fuga* e *Los ángeles enfermos*, que lhe deu o Prêmio Nacional de Contos com um júri composto por Mario Benedetti, Sergio Galindo e Huberto Batis. Na década de 1980 publicou os livros de poesia *Canción de amor al revés* e *La Bolsa y la Vida*, e atualmente se dedica ao gênero do conto em tempo integral.

Diego Muñoz Valenzuela

Contista, romancista, entusiasta da ficção científica e do microconto. Em sua obra, aprofunda-se no período da ditadura militar. Tem dez volumes de microcontos, três deles ilustrados por artistas visuais. Seus livros foram publicados em Espanha, Croácia, Itália, Argentina, Peru e China. Seus contos foram traduzidos para dez idiomas. Recebeu o Prêmio Melhores Obras Literárias em 1994 e 1996.

Andrés Neuman

Formado em Filologia Hispânica e professor de literatura latino-americana na Universidade de Granada. Ministrou cursos, oficinas e seminários em diversas universidades, entre elas Oxford, Cambridge, Georgetown, Johns Hopkins, Sorbonne, Salamanca, Pompeu Fabra em Barcelona e na Universidade de Buenos Aires. Foi finalista do Prêmio Herralde com seu primeiro romance, *Bariloche*, seguido por *La vida en las ventanas*, *Una vez Argentina*, *El viajero del siglo* (Prêmio Alfaguara e Prêmio da Crítica), *Hablar solos* e *Fractura*. Publicou livros de contos como *Alumbramiento* e *Hacerse el muerto*; o dicionário satírico *Barba-*

rismos; o diário de viagem pela América Latina, *Cómo viajar sin ver*; e o tratado heterodoxo sobre o corpo *Anatomía sensible*. Em 2009, ganhou o prêmio Alfaguara com a novela *El viajero del siglo*.

Julia Otxoa
Escritora e artista visual. Sua obra, com mais de trinta títulos publicados em poesia e narrativa, foi traduzida para vários idiomas. Entre seus livros de histórias estão *Kískili-Káskala*, *Un león en la cocina*, *Variaciones sobre un cuadro de Paul Klee*, *Un extraño envío*, *Un lugar en el parque*, *Escena de familia con fantasma*, *Confesiones de una mosca* e *Tos de perro*. Entre seus livros de poesia estão *Luz del aire*, em colaboração com o escultor Ricardo Ugarte, *La nieve en los manzanos*, *Al calor de un lápiz*, *Gunten Café*, *Taxus baccata* (com desenhos de Ricardo Ugarte). Foi finalista do Prêmio Nacional de Literatura em 2008.

Kras Quintana
Escritor, promotor cultural e engenheiro industrial. Organizador do encontro de minificção centro-americana. Participou do Festival Internacional de Minificção 2021. Publicou em diversas revistas latino-americanas, como *Letralia* (Venezuela), *Brevilla* (Chile), *Penumbria* (México), entre outras, e foi incluído em antologias de diferentes países, como *Les escribidores* (Nicarágua), *Flores que solo abren de noche* (México), *Brevestiario* (Chile), *Nautilus* (Honduras), e outras. É cocriador e diretor do espaço de difusão da minificção BreveMente.

Ednodio Quintero
Prosista, ensaísta, professor universitário, japonólogo e fotógrafo. Publicou oito volumes de contos, reunidos em *Cuentos salvajes* (2019), nove romances, com destaque para *La danza del jaguar*, e dois livros de ensaios. Recebeu os prêmios literários mais importantes da Venezuela. Escreveu biografias sobre Junichiro Tanizaki e Ryunosuke Akutagawa. Colaborou em quinze traduções de autores japoneses clássicos para o espanhol.

Solange Rodríguez Pappe
Prosista e professora. Vencedora dos prêmios nacionais Joaquín Gallegos Lara e Matilde Hidalgo de Prócel por sua carreira literária e de

ensino. Entre seus diversos títulos estão as publicações *La primera vez que ví un fantasma* e *Un mundo raro*. No Equador, coordena as jornadas "Es país para cuentistas", nas quais o gênero conto é discutido e difundido.

Nana Rodríguez Romero
Licenciada em Psicologia Educativa e Filosofia, especialista em Literatura e Semiótica, mestre em Educação. Dentre suas publicações estão *Elementos para una teoría del minicuento*, *La casa ciega y otras ficciones*, *El sabor del tiempo* e *Juanantonio*. Recebeu o Prêmio Nacional de Literatura Ciro Mendía, foi bolsista do Ministério da Cultura e atualmente é docente da Universidade Pedagógica e Tecnológica da Colômbia na área de Humanidades.

Alberto Sánchez Argüello
Psicólogo, mestre em Estudos Avançados em Literatura Espanhola e Hispano-americana, minificcionista, autor da literatura infantil e juvenil. Fundador do coletivo microliterário nicaraguense e do selo literário Parafernalia Ediciones Digitales. Em minificção, publicou *Miniaturas voraces* (Bogotá), *Naufragio de botellas* e *Los Jiménez* (Lima), *Mitología mínima* (Cidade do México), *Diario del caos* (Santiago do Chile) e *La vida en diminutivo* (Manágua). Em antologias, publicou *Aquí hay dragones: antología de minificción centroamericana* (Gainesville). Algumas de suas minificções foram traduzidas para o inglês, português, italiano, alemão e vietnamita.

Rolando Sánchez Mejías
Químico industrial. Fundador do grupo e da revista literária *Diáspora(s)*, à margem do Estado cubano. Tem livros de ensaio, poesia e ficção, incluindo a narrativa *Historias de Olmo* e *Cuaderno de Feldafing* (este traduzido para o alemão). Publicou poemas, ensaios e contos em antologias em diversas línguas, como *Antología de la poesía hispoamericana contemporánea*, *Poesía cubana siglo XVIII al XX*, *Poesía Cubaine siglo XX*, *An Antology of Cuban Stories*. Recebeu o Prêmio Nacional da Crítica em Cuba por dois livros, em 1993 e 1994. Vive exilado em Barcelona desde 1997.

Ana María Shua
Formada em Letras pela Universidade de Buenos Aires. Escreve romances, contos, microcontos e literatura infantil. Entre outras distinções, ganhou o Prêmio Nacional da Argentina, a Bolsa Guggenheim, o Konex de Platino e o Prêmio Internacional de Microconto Arreola no México. Seu último livro, *La guerra* (microconto), foi publicado em Madri e Buenos Aires em 2019. Entre seus romances, destaca-se *La muerte como efecto secundario*. Parte de sua obra foi traduzida para quinze idiomas.

Ricardo Sumalavia
Doutor em Letras pela Universidade de Bordeaux. Publicou os livros de contos *Habitaciones* e *Retratos familiares*, os livros de microcontos *Enciclopedia mínima* e *Enciclopedia plástica*, e os romances *Que la tierra te sea leve*, *Mientras huya el cuerpo*, *No somos nosotros*, *Historia de un brazo* e *Croac y el nuevo fin del mundo*. Atualmente é diretor do Centro de Estudos Orientais da Pontifícia Universidade Católica do Peru.

Elizabeth Toledo Aida
Escritora, ensaísta e pesquisadora. Mestre em Literatura e doutora em Filosofia pela Universidade de Pittsburgh, Estados Unidos. Publicou poesia, microficção e livros de ensaios. Sua última publicação de microficção é *El mundo es todo lo que pasa*; de poesia, *El límite de lo que puede acariciarse*; de ensaio, o livro *Meter la mano en las entrañas. Teoría y prácticas del género testimonio*. Ganhou o Prêmio Único de Narrativa Breve dos Juegos Florales Hispanoamericanos de Quetzaltenango em 2010, o Prêmio Único de Poesia em 2003 e o Prêmio de Ensaio em 2013. Trabalha como pesquisadora na Universidade Rafael Landívar, na Guatemala.

Luisa Valenzuela
Publicou mais de quarenta livros, incluindo romances, volumes de contos e ensaios. Suas obras de microficção incluem *Brevs, microrrelatos completos hasta hoy*, reeditadas e aumentadas como *Brevs, microrrelatos completos hasta ayer*, *Juego de villanos* (antologia, seleção e prólogo de Francisca Noguerol, Barcelona), *El ABC de las microfábulas* (ilustra-

do por Rufino de Mingo, Madri, e ilustrado por Lorenzo Amengual, Buenos Aires, e Fondo de Cultura Económica, México), *Zoorpresas zoo/lógicas* (Buenos Aires) e *Zoorpresas y demás microfábulas* (Lima). Seus textos aparecem em inúmeras antologias.

Ana Lydia Vega

Doutora em Literatura pela Universidade de Aix-Marseille, França, e professora aposentada na Universidade de Porto Rico. Pratica o jornalismo de opinião. Reunidos em livros, traduzidos em vários idiomas e disseminados em revistas e antologias internacionais, seus contos lhe renderam prêmios como o Casa das Américas, o Juan Rulfo e o Pushcart Short Fiction. Sua trajetória literária foi homenageada com a designação de "Escritora Ilustre" pelo PEN Club de Porto Rico e sua eleição como membro honorário da Academia Porto-riquenha da Língua Espanhola.

Laura Elisa Vizcaíno

Doutora em Letras pela Universidade Nacional Autônoma do México (Unam), pesquisadora em tempo integral no Instituto de Pesquisas Bibliográficas da mesma universidade. Seus microcontos foram publicados em mais de trinta antologias; publicou o livro infantil *El barco de los peces pirata*, e dois livros de microcontos *CuCos* e *Bienmesabes*. Participa, entre outras, das antologias *Ochenteros. Miniantología de minificción mexicana, El cuerpo y sus derivados, Microrrelatos en el Bicentenario.*

José Zelaya

Psicólogo e prosista. Publicou os livros de microcontos *El misterio de la caja, Voraces* e *Intromisiones salvajes*; e organizou as antologias *Ecos, nuevas voces de la minificción centroamericana* (Nicarágua), *El baile del dinosaurio: Antología hondureña de minificción* e *Antología de minificcionistas hondureñas* (Argentina). Seus textos fazem parte de quinze antologias de microcontos.

INSTITUTO CERVANTES

Diretor
Luis García Montero

Secretaria Geral
Carmen Noguero Galilea

Diretor de Gabinete
Martín López-Vega

Diretora de Cultura
Raquel Caleya Caña

Diretor do Instituto Cervantes do Rio de Janeiro
José Vicente Ballester Monferrer

NIPO: 110-22-022-X
ISBN: 978-65-5691-091-8

www.cervantes.es

Instituto Cervantes

Cobogó

Organização
Francisca Noguerol

Editora-chefe
Isabel Diegues

Editora
Valeska de Aguirre

Gerente de produção
Melina Bial

Tradução
Silvia Massimini Felix

Revisão da tradução
Ellen Maria Martins de Vasconcellos

Revisão final
Eduardo Carneiro

Projeto gráfico e diagramação
Mari Taboada

Capa
Radiográfico

CIP-BRASIL. CATALOGAÇÃO NA PUBLICAÇÃO
SINDICATO NACIONAL DOS EDITORES DE LIVROS, RJ

U51
Universos breves : antologia do microconto de língua espanhola / organização Francisca Noguerol. - 1. ed. - Rio de Janeiro : Cobogó, 2022.

ISBN 978-65-5691-091-8

1. Contos espanhois. I. Noguerol, Francisca.

22-81219 CDD: 863.01
CDU: 82-34(460)

Gabriela Faray Ferreira Lopes - Bibliotecária - CRB-7/6643

Todos os direitos em língua portuguesa reservados à
Editora de Livros Cobogó Ltda.
Rua Gen. Dionísio, 53, Humaitá
Rio de Janeiro, RJ, Brasil — 22271-050
www.cobogo.com.br

2022

1ª impressão

Este livro foi composto em Calluna e Apercu Pro.
Impresso pela Imos Gráfica,
sobre papel Pólen Bold 90g/m².